이제
돈 되는
공부방
이다

99% 아마추어 공부방 원장들이 모르는 공부방의 진실

이제 돈 되는 공부방이다

초판 1쇄 발행 2019년 10월 22일
초판 3쇄 발행 2022년 9월 16일

지은이 황성공

발행인 백유미 조영석
발행처 (주)라온아시아
주소 서울특별시 서초구 효령로 34길 4, 프린스효령빌딩 5F

등록 2016년 7월 5일 제 2016-000141호
전화 070-7600-8230　　**팩스** 070-4754-2473

값 14,500원
ISBN 979-11-90233-24-8 (13320)

라온북은 독자 여러분의 소중한 원고를 기다리고 있습니다. (raonbook@raonasia.co.kr)

99% 아마추어 공부방 원장들이 모르는 공부방의 진실

이제 돈 되는 공부방 이다

황성공 지음

불황에도 잘되는 공부방은 있다!

공대생이 영어 강사로 성공하기까지

"공대 나와서 수학이나 과학도 아니고 영어 선생이 될 수 있겠어?"

1998년 외국 유학을 떠난 지 몇 달 되지 않아 귀국해서 고민 끝에 내린 결정이었지만 주위의 반대가 생각보다 심했다. IMF 외환 위기를 맞아 아버지의 사업이 부도 위기에 빠지면서 집에서 더 이상 학비를 보내줄 수 없게 되었다.

하버드 대학에 들어가겠다는 큰 꿈을 접고 선택한 것이 영어 강사였다. 하지만 모두 안정적으로 월급이 나오는 직장을 다녀야 한다는 우려의 시선을 보냈다.

친구와 선배들은 내일모레 서른 살인데 영어 학원 강사가 된다는 것은 너무 큰 모험이 아니냐고 조언했다. 하지만 마음먹은 것은 해봐야 직성이 풀리는 나에게 주변의 걱정은 큰 걸림돌이 되지 않았다. 그로부터 1년 뒤 나는 보란 듯이 영어 강사가 되었고, 3년 뒤에는 어엿한 영어 학원 원장이 되었다.

비록 영어를 전공하지는 않았지만 영어 강사로 입지를 다지기까지 많은 시간이 걸리지는 않았다. 물론 좌충우돌하면서 실전에서 엄청나게 많은 시행착오를 거치기도 했다. 영어를 가르쳐본 경력이 전혀 없는 공대 졸업생을 받아주는 학원은 한 군데도 없었다. 그래서 영어를 제대로 배우기 위해 영어 과외, 회화 학원, 전화 영어, 영어 비디오테이프 구매, 원어민 과외 등 1,000만 원 이상의 비용을 지출했다.

1년여 동안 매일 새벽 2~3시까지 공부하고, 주말도 반납한 채 매일매일 미친 듯이 영어 공부에 매달렸다. 학교 다닐 때 이만큼 공부했다면 영어 공신이 되었을 것이다. 그것들이 밑거름이 되어 처음 들어간 곳이 영어학습지 회사였다. 큰돈을 벌 수 있다고 해서 들어갔지만, 도무지 비전이 보이지 않아 3개월 만에 퇴사했다.

경력이 거의 없으니 전임 강사를 맡기도 힘들었다. 2년 동안 아르바이트로 보조 선생과 방문 과외를 할 수밖에 없었다. 10년 이상 강사를 하는 사람들도 있다고 했다. 하지만 결국에는 학원이든 공부방이든 내 사업체를 꾸려서 원장이 되어야 안정적으로 돈을 벌 수 있다는 판단이 들었다.

그렇게 해서 동료 선생들의 만류에도 불구하고 돈이 적게 드는 공부방을 열기로 결심했다. 그러나 아무것도 모르는 상태에서 유흥가 빌라 2층에 공부방을 차렸다가 몇 달 만에 보기 좋게 망했다.

그다음에는 "물이 흐르는 곳에서 장사를 해야 한다"는 조언에 따라 수백 개의 학원들이 밀집한 일명 학원가에 학원을 열었다. 철저한 약육강식의 정글 세계인지도 모르고 말이다. 오픈발인 줄도 모르고 초반에 잘되는 것 같아 무리하게 확장하는 바람에 수천만 원이 금세 사라졌다.

여름방학과 겨울방학의 학생들 대거 이탈, 갑작스러운 비율제 강사의 휴직으로 인한 학생 이탈, 어렵게 모은 학생들을 수십 명이나 빼내 가서 근처에 새로운 학원을 오픈한 강사 등등. 학원장 10년 차가 되었을 때에야 비로소 잘된다 하더라도 한 번에 무너질 수 있는 것이 학원 사업이라는 것을 깨달았다. 나는 너무도 비싼 수업료를 지불해야 했다.

이후에도 임대 교실, 교습소, 단과학원과 어학원까지 한 달에 수천만 원을 벌 정도로 잘될 때도 있었지만 한순간에 무너진 경우도 많았다.

딸아이가 태어난 해인 2009년에는 엎친 데 덮친 격으로 새로운 곳에서 학원을 시작하려고 대출까지 받은 돈을 사기당하고 말았다. 가족의 생활비를 포함해서 수중에 남은 것은 겨우 200만 원이었다. 그달에 돈을 못 벌면 돌도 지나지 않은 아기와 아내는 길거리에 나앉을 판이었다.

도망간 사기꾼을 찾으러 다녔으나 소용없었다. 모든 것을 포기한 채 생명보험을 들고 자살하려고 밤마다 눈물을 흘리며 유서를 쓰기도 했다. 하지만 그때마다 어린 딸아이가 눈에 밟혔다. 남자로서 평생 흘릴 눈물을 그때 다 흘렸던 것 같다. 아빠 없는 자식으로 자라 불행이 대물림될 것 같았다. 그래서 다짐했다.

"까짓것 죽기를 각오하고 하면 안 되는 게 어딨겠어?"

처자식을 먹여 살려야 한다는 큰 부담감과 절박함을 어깨에 지고, 다시 10년 전의 나로 돌아가서 방문 과외를 시작했다. 한 달 만에 20명 정도 모을 수 있었다. 그래서 1년 뒤에 다시 학원을 차릴 계획이었지만 너무 힘들었던 기억에 엄두가 나지 않았다. 고용한 강사들 신경 안 쓰고, 차량 운행 할 필요 없이 혼자 맘 편히 가르치면서 학생들 이탈 없이 안정적으로 순이익 1,000만 원만 벌면 좋겠다는 생각이 들었다.

또다시 실패하지 않기 위해 내공이 많은 강사들과 원장들에게 물어보고 또 물어보면서 실전에 내 스타일을 적용했다. 오랜 시행착오 끝에 하루 5~6시간 일하면서 1,000만 원을 벌 수 있고, 학부모와 학생들 모두 만족하는 나만의 수업시간표와 콘셉트를 만들었다. 그리고 1년 동안 수없이 직접 답사해보고 좋은 자리에 공부방을 얻었다. 목이 좋아서인지, 절실함이 통한 것인지, 아니면 자신감 때문인지, 비수기인 여름에 시작했는데도 여름방학 특강으로 3개월 만에 30명을 모았다.

학생수가 40명 이상이 되자 회비가 싸면서도 잘 가르치고, 성적도 잘 오르고 관리도 잘해준다는 입소문이 나기 시작했다. 소개에 소개가 이어져 그해 겨울에는 75명을 넘겼고, 혼자 가르치면서 월 순이익 1,000만 원 이상을 벌어들였다. 아이들이 많아서 수업과 관리가 조금 힘들기는 했지만, 연봉 1억 원을 넘기니 오히려 즐거웠다.

아침부터 밤 12시까지 일하던 예전에 비하면 하루 5~6시간 수업은 문제없었다. 대학교와 대학원까지 나와서 대기업에 취직한다 해도 하루에 5~6시간 일하고 연봉 1억 원 이상을 벌기는 거의 불가능하다.

시행착오 끝에 얻은 실전 노하우

공부방을 차려 혼자 가르치면서 월 1,000만 원을 벌 생각이라는 내 계획과 콘셉트를 듣고 코웃음 치던 원장들도 많았다. 하지만 지금은 식사를 대접하겠다 또는 비용을 지불할 테니 노하우를 알려달라고 귀찮을 정도로 전화가 온다.

처음에는 어느 누구에게도 알려주지 않았다. 그러던 중 월세가 몇 달치 밀린 부부 원장이 찾아와 돈이 얼마가 들어도 좋으니 비법을 알려달라고 사정했다.

두 사람을 보니 너무나 힘들고 절실했던 시절이 떠올라 한 푼도 받지 않고 처음부터 끝까지 코칭을 해주었다. 그들은 월세만 밀리던 학원을 접고, 공부방을 열어서 수개월 만에 수십 명을 모았다.

그 일을 계기로 공부방 노하우를 공유하는 것은 어떨까 하는 생각이 들었다. '어차피 죽으면 무덤까지 가지고 갈 수도 없고, 요즘은 공유의 시대이니, 네이버에 카페를 만들어서 물어볼 곳이 없어 고민에 빠진 원장들에게 도움이 되면 좋지 않을까.'

2014년 네이버에 전국 영어 공부방 원장들을 위한 커뮤니티 카페 '성공공부방비법공유(성공비)'를 열었다. 현재 2만 명 넘는 원장들이 노하우를 공유하고 모임을 갖는다. 앞으로도 전국의 힘들고 어려운 공부방 원장들을 위해 더 많은 노하우를 공유할 것이다.

이 책에는 16년 동안 실전에서 넘어지고 깨지면서 배운 경험들뿐만 아니라 인터넷 카페 대표로서 5년 동안 전국 수천 명의 원장들을 상담하고 컨설팅하면서 정립한 노하우들을 모두 공개했다.

성공할 수밖에 없는 대박 장소, 한 번의 광고로 수십 명을 모을 수 있는 오픈 시기, 돈이 되는 대상과 과목 선정, 수업시간표 및 반 편성, 잘나가는 공부방의 수업 관리 노하우, 학생 홍보 비법, 공부방 확장 시 꼭 주의할 점 등 어디서도 공개하지 않은 17년의 특급 노하우들을 모두 실었다. 이러한 것들은 공부방을 열기 전에 꼭 체크해야 하는 사항들이다.

마지막 부록에는 숙제를 절대 안 해 오는 아이를 말 한마디로 무조건 해오게 하는 비법, 이탈이 심한 초등학교 6학년과 중학교 3학년 학생들이 방학 때 절대 그만두지 못하게 하는 비법, 방학 특강 무조건 듣게 하는 비법, 학생들한테 친구를 소개받는 노하우, 밀린 회비 한 번에 받아내는 비법, 회비 밀리지 않게 하는 비법 문자, 1년 중 무조건 해야 할 상담 전화와 홍보의 절대 시기, 돈 한 푼 안 드는 최강 홍보 비법 등을 첨부했다.

공부방 원장은 외로운 직업이다. 나 혼자 수업하고, 나 혼자 관리해야 한다. 내가 강사이자 원장이기에 나를 대신할 사람은 아무도 없다. 모든 것을 혼자 결정해야 한다. 옳은 결정을 하면 상관없지만, 가장 큰 문제는 내가 잘못된 결정을 했을 때 바로잡아 줄 사람이 없다는 것이다. 게다가 잘못된 결정의 결과는 온전히 나의 몫이다.

회비를 조금 올렸더니 학생 수가 반 토막이 난 경우, 학생 수가 50명이 넘어서 학원으로 확장했다가 결국 문을 닫은 경우, 불법인 줄 알면서 다들 그렇게 한다고 해서 강사를 고용했다가 신고를 당해 문을 닫은 경우 등등. 내비게이션처럼 '성공'이라는 목적지까지 안내해주는 사람이 단 한 명이라도 있었다면 나는 그렇게 많이 실패하지 않았을 것이다.

이 책은 예비 공부방은 물론 이미 공부방을 운영하고 있는 원장들이 망망대해에서 길을 잃지 않게 해주는 하나의 등대가 될 것이다. 성공하는 사람과 그렇지 못한 사람의 차이는 '실천'에 달려 있다. 대부분의 사람들은 이미 성공하는 법을 알고 있다. 하지만 기회가 왔는데도 망설이다가 놓치고 만다.

이제 성공이란 목적지까지 갈 수 있을까 하는 두려움과 망설임은 접고 과감히 첫걸음을 떼기 바란다.

성경의 한 구절을 끝으로 이 책이 세상에 나오기까지 많은 도움

10

을 주신 라온북 사장님과 직원들께 진심으로 감사의 말씀을 드린다.

"네 시작은 미약하였으나 네 나중은 심히 창대하리라."

‒ 〈욥기〉 8장 7절

1장

아마추어 원장들이 모르는
공부방의 진실

★★★★★

아마추어
원장들이 모르는
공부방의 진실

당신은 교육자인가,
사업가인가?

가르치는 것보다 더 중요한 것이 있다

2008년 딸아이가 태어나기 1년 전의 일이다. 학원가에서 방문 과외를 하던 중 허리 디스크가 오기 시작했다. 오후 12시부터 새벽 1시까지 밤낮으로 휴일도 없이 추석과 설날 당일만 빼고 363일을 가르쳤다. 일곱 살부터 고등학교 3학년까지 아이들의 연령 범위도 넓었다. 워낙 뭔가에 꽂히면 다른 건 돌아보지 않고 그 한 가지만 매달려 승부를 내는 성격이었다.

"제발 휴일은 좀 쉬면 안 돼? 명절에라도 좀 쉬어……."

"난 이게 쉬는 거야."

1년에 단 2일 쉬는 명절 당일에도 자료를 정리하는 나를 보면서 아내는 우려의 목소리를 냈다. 공대 출신이어서 영어 실력이 신통치 않아 보였는지 몇몇 상위권 아이들에게 무시당하기 일쑤였다. 그래서 '다른 사람들보다 몇십 배 더 노력해야 한다'는 결심을 더욱 굳혔다.

그때부터 거의 10년 동안 새벽까지 자료를 정리하며 학습서를 쓰는 데 매진했다. 쉬는 날이라고는 없이 미친 듯이 일만 하다 보니 돈은 벌었지만, 디스크라는 불청객이 찾아왔다. 그때는 방바닥에 책상을 펴고 가르쳤다. 10시간 이상 바닥에 앉아서 허리를 틀고 있는 상황이었다.

그런 나를 보면서 과외 출신의 원장이 조언해주었다. "학원을 차리는 게 어때? 학원은 서서 가르치니까 좀 나을 거야. 아이들도 많이 받을 수 있으니 지금보다 경제적으로 더 좋아질 거 같은데." 몇 개월 뒤 방문 과외 아이들을 등에 업고 작은 학원을 열었다. 하지만 그것이 엄청난 빚을 안겨줄 거라고는 상상조차 하지 못했다.

학원가에서 학원으로 성공할 확률이 홍대에서 카페를 차려 성공할 확률보다 더 낮다는 것을 그때는 알지 못했다. 오픈발 때문인지 6개월 만에 학생 수가 30명이 되었고, 성수기인 겨울방학이 되자 소개와 광고로 10명이 넘는 아이들이 들어왔다. 학생들이 더 들어올 것이라는 믿음으로 무리하게 대출을 받아 사거리에 있는 큰 건물에 넓은 평수를 얻어 확장했다.

하지만 성수기인 겨울과 신학기가 끝나자 아이들은 급속도로 줄어들기 시작했다. 학생들은 줄어드는데 대출이자는 매달 꼬박

꼬박 나가니 하루하루 피가 마르는 것 같았다. 돌파구를 찾을 수 있을까 하고 인터넷을 검색하다 학원 원장들을 위한 강의를 듣게 되었다. 강의료가 10만 원으로 저렴하지는 않았지만, 강의 제목에 이끌려 곧바로 등록했다.

"원장님들은 교육자가 아니라 사업가입니다. 속된 말로 아이들을 상대로 하는 장사꾼입니다. 장사꾼은 돈만 벌면 됩니다. 가르치는 것은 별로 중요하지 않습니다. 홍보와 서비스에 집중하세요. 학생과 학부모가 좋아하는 가격과 수업 시간, 그리고 서비스로 학원 콘셉트를 바꾸세요. 그러면 아이들은 끊임없이 들어올 것입니다." 강사의 말에 머리를 한 대 맞은 느낌이었다.

나의 동공이 2배로 확장되었고, 심장이 요동치기 시작했다. 대학교 때 방문 판매로 월 500만 원을 벌 수 있다는 어느 사장의 말을 들었을 때처럼 심장이 마구 뛰었다. 나는 무언가 획기적인 방법을 알게 되면 100미터 전력 질주를 하고 난 것처럼 심장이 뛴다. 이때는 평생 두 번째로 심장이 뛰는 순간이었다.

교육자가 아니라 교육 사업가, 선생이 아니라 '아이들을 상대로 하는 장사꾼'이라는 말이 처음에는 충격적으로 다가왔다. 그에 대한 설명과 여러 가지 노하우들을 배우는 4시간 강의가 4분처럼 느껴질 정도로 빠르게 지나갔다. 강의를 듣고 나서 아주 오랜만에 자신감이 용솟음쳤다.

그로부터 3개월 뒤 과감히 학원을 접고 강의 때 알려준 대박 자리를 고르기 시작했다. 1년 동안 조사한 끝에 좋은 자리에서 공부방을 시작했다. 그렇게 나는 혼자서 월 1,000만 원의 수익을 냈다. 커리큘럼과 수업 시간은 물론 교재와 자리 선정까지 모두 내가 정했지만, 그 강의가 없었다면 시작조차 할 수 없었을 것이다.

내 안의 꺼져가는 성공의 불씨를 활활 태워라!

그 강의에서는 수업을 어떻게 해야 한다거나 정확히 어떻게 홍보해야 하는지, 학년별, 대상별, 레벨별로 자세히 알려주지는 않았다. 전화가 빗발치게 하는 전단지 만드는 법도 알려주지 않았다. 상담에서 바로 등록하게 하는 매뉴얼을 주지도 않았다. 하지만 교육자가 아닌 교육 사업가라고 관점을 바꾸는 것만으로도 충분했다.

물론 강의를 들었다고 해서 한꺼번에 모든 것을 바꿀 수는 없었다. 사람은 쉽게 변하지 않는다. 하지만 난 정말 변하고 싶었다. 내 안의 꺼져가는 '성공'이라는 불씨를 살려서 다시 한 번 활화산처럼 불타오르고 싶었다. '내가 실천할 수 있는 것부터 한 달에 하나씩만이라도 바꾸자. 1년이면 12개가 바뀐다. 그러면 학생들도 늘어나고 소개도 많이 들어오겠지. 포기하지 말고 될 때까지 노력하자.'

스스로 맹세하고 또 맹세했다. 해야 할 일을 리스트로 작성해서 컴퓨터, 냉장고, 화장실에도 붙여놓고 하루에 세 번 이상 보면서 각인시키고 하나씩 실천해나갔다. 학부모라고 가정했을 때, '강사가 나와 내 아이에게 이렇게 해줬으면 좋겠다'라고 생각되는 것들을 적어보고 리스트로 만들었다.

몇 달 또는 1년에 한두 번 하던 학부모 상담 전화를 한 달에 한 번 또는 그 이상 하기, 공부방 근처 회사에 다니는 학부모를 찾아가 "지나가다 어머님 생각이 나서 들렀어요"라고 음료수를 건네며 얼굴 도장 찍기, 급성 맹장으로 입원한 학생 병문안하기, 소개해준 학생과 학부모에게 보상하기, 아이들을 사랑과 칭찬으로 대하기, 아이들에게 화내거나 짜증 내지 않기, 매일 단어 암기 테스트를 하지 않고 단어를 읽고 녹음해 오는 숙제 내주기, 성적과 실력을 꾸준히 올려주기, 수업은 효과 있으면서 엄청 재미있게 하기, 여학생들은 비싸지는 않지만 아이들이 좋아하는 캐릭터나 보이그룹 사진이 들어간 학용품을 선물로 주기, 매달 떡볶이 또는 피자 파티 하기, 그러면서도 매주 매달 테스트해서 결과물 보여주기, 학습 속도가 빠른 아이는 높은 단계로 월반을 해주기, 속도가 느린 아이들은 실력이 좋아질 때까지 별도의 비용을 받지 않고 보충해주기, 시험 때마다 주 2회 더 보충해주기, 주말에 하루 종일 보충해주기 등등. 일일이 나열할 수 없을 정도로 많았다.

'이렇게까지 하는 강사가 있을까? 이런 강사가 있다면 당장이라도 올 것 같은데' 하는 생각이 들 정도였다. 하지만 욕심 내지 않고 가장 중요하고 당장 할 수 있는 것부터 하나씩 해나가기로 했다. 리스트를 작성한 다음 곧바로 실천에 들어갔다.

사랑과 칭찬으로 아이들을 대했더니 모든 아이들이 나를 좋아했다. 학부모들은 아이들이 선생님을 좋아하니 성적이 오른다며 만족해했다. 더구나 영어 공부를 더 좋아하고 숙제도 더 열심히 한다며 더 바랄 것이 없다고 했다. 학부모들이 대만족하니 가시방석 같았던 상담 전화가 재미있게 수다를 떠는 것처럼 즐거웠다.

사람은 잘 변하지 않는다. 하지만 생각을 먼저 바꾸면 행동이 바뀌고, 행동이 바뀌면 인생이 바뀐다. 먼저 생각부터 바꾸자. 그리고 성공한 공부방 원장들의 방식을 하나씩 천천히 습득해나간다면 최소한 그 지역에서는 소문난 선생이 될 것이다. 늦었다고 생각될 때가 가장 빠른 법이다.

학생도
고객이다

고객을 대하듯이 학생을 대하라

"도대체 몇 번이나 설명해줘야 이해하겠니? 벌써 다섯 번째잖아!"

"지혜야! 수업 시간에 카톡하지 말라고 몇 번이나 말했잖아!"

"태훈아! 다음 주가 시험인데 문제 풀라고 했더니 또 게임하고 있니?"

"준혁아! 어제 왜 보충 안 왔어? 이번 시험 어떡하려고 그래!"

"태수야! 숙제 안 해 오면 회초리 든다고 했지. 더 이상 안 되겠다! 손바닥 똑바로 펴!"

공부방 경력 4년 차에 남은 건 얼마 안 되는 학생들과 공부가 지긋지긋한 중·고등학생들과의 싸움이었다. 그때까지만 해도 학생들에게 체벌과 얼차려가 당연시되던 시절이어서 학부모 상담 때마다 이렇게 얘기했다.

"어머님, 저는 아이들이 숙제를 안 해 오면 매를 들 겁니다."

"네, 당연하죠. 우리 아이는 공부를 너무 싫어해요. 사람만 만들어준다면 회초리가 문제겠어요?"

하지만 2010년 경기도 교육감의 체벌 금지가 발표된 후 더 이상 체벌을 할 수 없었다. 체벌을 당연하게 여기며 학창 시절을 보낸 세대였기에 '공부를 안 하는 녀석에게는 매를 들어야 한다'는 생각이 뼛속까지 박혀 있었다. '하지만 예전처럼 매를 들 수도 없고, 어떻게 하면 아이들이 숙제도 잘 해 오고, 남아서도 자거나 핸드폰 게임을 하지 않을까? 아니 수업 시간만이라도 집중해서 들을 수 있을까?' 매일 윽박지르고 짜증 섞인 목소리로 아이들을 대하면서도 매 순간 고민했다. 그러다 인터넷으로 선생님들 모임을 찾다가 만난 어느 여자 선생님의 한마디가 전환점이 되었다.

"공부하기 싫어하는 아이들에게 어떻게 동기부여를 하나요? 체벌이 금지되고 나서 너무 힘드네요."

"요즘 세상에 매를 들면 큰일 나요. 그러지 말고 칭찬을 해보는 건 어떠세요. 저는 모든 학생들에게 허그(hug)를 하면서 칭찬을 해요. 남자 선생님이라면 '오늘 학교에서 어땠어?'라고 부모님이나 삼촌처럼 진심으로 물어보는 거예요. 집에 갈 때도 '오늘 하루 공부하느라 정말 수고 많았어!'라며 하이파이브를 해주는 거예요. 기존 방식이 안 된다고 하면 조금 바꿔보는 건 어떨까요?"

"어떻게요?"

"칭찬을 해주는 거예요! 아이가 잘했든 잘 못했든 매일 볼 때마다 칭찬을 해주세요."

"숙제도 거의 안 해 오고, 남아서 자습할 때도 게임하거나 엎드려 자는 골칫덩이들한테 무슨 칭찬을 해요?"

"그런 아이들이라도 내 자식 또는 내 조카라고 생각하고 칭찬해주세요. 그리고 진심으로 대해주세요. 칭찬할 거리가 없다고 해도 찾아보면 얼마든지 있거든요. 공부를 잘하거나 숙제를 잘했을 때만 칭찬하는 게 아니에요. 뚱뚱한 아이에게는 '우리 철수는 덩치가 크니까 아무도 못 덤비겠어', 비쩍 마른 아이한테는 '선생님은 물만 먹어도 살찌는데 비결 좀 알려주라', 키 작고 못생기고 정말 칭찬할 게 없는 아이에겐 '이제 보니 우리 지수 눈이 엄청 이쁘네. 눈동자가 이렇게 예쁜 아이는 세상에서 처음 봤어! 이런 눈동자를 가진 사람은 크게 된다고 하던데' 등등. 아이의 단점을 장점으로 말해주는 것이 포인트예요."

"그렇게 하면 진짜 아이들이 달라질까요? 정말 저를 좋아하고, 삼촌처럼 믿고 따를까요? 숙제도 잘 해 오고, 수업에도 집중할까요?"

"선생님만큼은 짜증 내거나 화내지 않고 사랑으로 아이들을 대해주시면 좋겠어요. 꼭 한번 해보세요. 그 결과는 정말 놀라울 거예요."

정말 가능한 일일까? 내 공부방은 빡세게 가르친다고 소문이 났는데, 자칫 아이들이 대거 그만두는 것은 아닐까? 일주일 동안 계속 고민에 빠졌다.

선생이라는 권위를 내려놓자

'지금보다 더 나빠지기야 하겠어?' 하는 마음으로 아이들을 대해보았다. 내 아이를 대하듯이 진심을 다했다. 아이들을 보자마자 "숙제했어? 안 했어?"라고 잔소리를 쏘아대던 내가 "오늘 학교 어땠어?", "급식 반찬 뭐 나왔어?"라고 물었다. 금요일에는 "주말에 뭐 할 거야?", 월요일에는 "주말에 뭐 하고 지냈어?"라고 물었다.

처음에 아이들은 '왜 저래?' 하는 눈빛으로 쳐다보았다. 하지만 일주일, 2주일이 지나고, 한 달이 지나도 변함없이 대하자 진심을 알아주기 시작했다. 그 결과 숙제도 전혀 해 오지 않고 수업 시간도 아수라장이던 문제아 반이 바뀌었다. 수업 시간 10분 전에 오는 것은 물론이고 전원이 숙제를 해 온 것이었다.

남자 선생이어서 중·고등학생들에게 허그는 할 수 없었지만 하이파이브를 하거나 만나고 헤어질 때 인사하는 정도는 별로 어렵지 않았다. 나를 보는 아이들의 시각과 태도가 달라지는 것을 보면서 정말이지 신세계를 경험한 듯했다. '선생이란 직업도 나쁘지 않은걸?' 하는 생각이 들 정도로 생전 처음 맛보는 감동이었다.

무서운 호랑이 선생님처럼 나를 바라보던 아이들의 눈빛과 태도가 바뀌자 매일매일 즐거웠다. 스승의날에는 그동안 한 번도 받아보지 못한 선물과 작은 손편지까지 받았다. 감동의 눈물이 흘렀다. '이런 맛에 아이들을 가르치는구나! 앞으로는 더 따뜻하게 대해줘야지. 칭찬도 더 많이 해주고, 고민도 들어주고, 더 잘해 줘야겠어.'

그림을 못 그리는 초등학교 5학년 여학생에게 칭찬을 해줬더니 1년 뒤에는 미술학원에 다니는 고등학생보다 더 잘 그리게 되었다. 영어 단어도 못 읽는다고 놀림받던 아이가 1년 뒤 90점을 받았다. 'bus'도 제대로 못 읽던 중학교 2학년 여학생이 14개월 후에 고등학교 1학년이 되어 영어 1등급을 받았다. 이 모든 결과의 시발점이 칭찬이라는 사실이 믿어지지 않았다. 그 후 교육 관련 강의나 모임, 마케팅 강의와 심리 강의 등 공부방 운영에 도움이 될 만한 것들은 모두 들었다.

"교육 사업에서 학부모뿐 아니라 학생도 고객이에요. 고객에게 항상 최고의 대우를 해줘야 해요. 학생들에게 감동을 주도록 노력해보세요. 놀라운 결과가 나올 거에요." 마케팅 컨설턴트가 뒤풀이 자리에서 해준 말이다.

공부방도 사업이라면 고객을 잘 대해야 하는 것은 당연하다. 공부방 사업이 힘든 이유는 고객이 두 부류이기 때문이다. 원장들은 대부분 학부모를 고객이라고 생각한다. 그래서 학생은 내 맘대로 대해도 된다고 여긴다. 아이들에게 짜증이나 화를 내고 심한 경우 욕을 하기도 한다.

공부하는 것도 힘든데 선생님이 화내고 짜증을 내니 그만두는 것은 당연하다. 선생이라는 권위의식에서 벗어나 아이들의 눈높이에서, 고객을 대하는 자세로 가르친다면 놀라운 결과를 얻게 될 것이다.

잘 가르치기만
하면 되는가?

아이들이 그만두는 이유는 따로 있다

처음에는 애드벌룬처럼 부푼 꿈을 가지고 공부방을 연다. 자기만의 커리큘럼으로 가르치는 경우도 있지만, 경력이 모자란 경우 프랜차이즈로 시작하기도 한다. 아이들만 열심히 가르치면 소개가 많이 들어올 거라고 생각하지만, 현실은 그렇지 않다는 것을 깨닫기까지 그리 오래 걸리지 않는다.

나에게 전화로 영어 회화를 배우던 중견 기업 부사장이 가장 친한 친구에게 일산에서 최고로 잘 가르치는 선생님이라며 나를 소개해주었다. 그렇게 해서 중학교 1학년 남학생 2명이 들어왔는데, 처음 받은 학생들이라 욕심 부리지 않고 1명당 15만 원을 받았다.

주 3회에 30만 원으로 거의 절반 가격에 문법, 내신, 회화까지 모두 가르쳤다. 스물아홉 살이던 내가 사촌 형 같기도 하고 삼촌 같기도 했는지, 엄마들과 아이들 모두 좋아했다. 시험 성적도 한 달 만에 10점가량 올랐다.

그런데 어느 날 이런 문자가 왔다. "선생님, 죄송한데 이제는 우리 아이들을 학원에 보내야 할 것 같습니다. 그동안 수고하셨어요." 그것도 수업 당일에 말이다. 뒤통수를 한 대 얻어맞은 기분이었다. 처음 과외를 맡은 학생들이어서 애착을 가지고 가르쳤는데, 문자 한 통으로 이별을 통보받으니 많이 당황스러웠다. '내가 이것밖에 안 되나' 하는 자괴감에 스스로에게 화가 나기도 했다.

'다른 선생님들보다 훨씬 싸고, 수업도 일주일에 3회나 하고 성적도 올랐는데 도대체 왜 그만둔다는 거지?' 무엇보다 이유가 너무 궁금해서 전화도 하고 문자도 해봤지만 돌아오는 것은 묵묵부답이었다. 그렇게 이유도 모른 채 첫 과외를 한 달 만에 그만두게 되었다.

몇 주 뒤 초등학교 3학년 여자아이와 5학년 남자아이 남매 둘의 과외를 맡았다. 아이들은 너무나 착했고, 내 수업을 무척 좋아했다. 둘 다 1:1 수업이라 돈을 많이 벌지는 못했다. 하지만 두 번째 과외를 맡은 아이들이어서 조카를 가르치듯이 열과 성을 다했다. 이번에는 절대 잘리지 않겠다고 다짐하며 남매의 생일 선물, 어린이날 선물, 크리스마스 선물까지 세 번의 기념일을 챙겨주었다.

아이들이 내 수업을 좋아하니 그 어머니도 만족했다. 하지만 역시나 6개월 후 큰아이가 6학년이 되던 해에 곧 중학생이 되니 입시 전문학원에 보내야겠다면서 동생까지 그만두었다. 6개월밖에 안 했으니 당연히 소개는 들어오지 않았다. '내일부터 그만 오셔도 됩니다'라는 문자를 받고 다시 한 번 무너지는 기분이었다. 이번에도 어김없이 냉정한 문자 한 통이었다. 너무 허탈해서 웃음조차 나오지 않았다.

학부모는 모든 걸 다 해주길 원한다

강사로 취직하라는 아내의 조언은 전혀 귀에 들어오지 않았다. 생활비를 벌기 위해 그날 이후부터 투잡을 뛰기 시작했다. 아침에는 퀵서비스를 했고, 오후에는 해 질 때까지 동네 주변 반경 1~3킬로미터를 돌아다니며 매일 100장에서 500장씩 전단지를 돌렸다. 그러자 한 달 만에 5명이 들어왔다. 한 달에 100만 원이 안 되는 돈으로는 두 식구가 생활하기에 넉넉지 않아서 20명을 받게 될 때까지 오전 퀵서비스는 계속되었다.

가끔 퀵서비스를 하는 나에게 반말을 하며 하인처럼 대하는 사람들이 있었다. 밤에는 과외 선생으로 인사를 받으면서 돈을 벌고, 아침에는 깔보는 시선과 이따금 욕을 먹으면서 돈을 버는 이중 생활이 1년 정도 이어졌다. 공부방 아이들이 20명을 넘어섰지만 이유 없이 그만두는 학부모들은 여전히 있었다.

스승의날과 명절마다 선물을 보내는 학부모들이 있는 반면 회비를 터무니없이 깎거나 무료로 보충해달라고 하는 경우도 있었다. 시험 때마다 주 2~3회 또는 주말에 무료 보충을 해줬지만, 소개는커녕 그만두지 않으면 다행이었다. 과외를 시작한 지 5년이 지나자 중학교 2학년의 33점짜리 아이를 네 번 수업하고 66점으로 올리는 정도는 이력이 나 있었다. 하지만 졸업할 때까지 다니겠다던 이 여학생도 1년을 채우지 않고 그만두었다.

마음을 비우고 아이들을 가르치기는 했지만, 이때만큼은 그만두는 이유가 궁금했다. '가격도 시간도 성적도 모두 만족한다고 했는데, 도대체 이유가 뭘까?' 그러다 문득 그만둔 엄마들과 소개해준 엄마들의 얼굴이 떠올랐다. 그날 이후로 몇 달 동안 새벽까지 데이터를 정리하기 시작했다.

그만둔 학생들과 엄마들의 성향, 처음에 했던 말, 불만을 토로했던 말, 그만두기 전의 상황들, 또 소개해준 학생들과 엄마들의 성향, 첫 상담 시 언급했던 말, 다른 학생을 소개해주기 전에 그 아이의 성적과 숙제를 해 오는 비율, 그리고 그때 그 엄마가 나를 바라보는 시선이나 말투, 분위기 등등. 그러자 엉켰던 실타래가 풀리는 것 같았다. 문제는 학부모나 학생이 아닌 바로 나에게 있었다.

가격도 저렴하고 다른 곳보다 한 번 더 수업을 해주는 데다 성적도 올랐지만 한 달 만에 잘린 이유가 있었다. 학원이 1,000개 정도 모여 있는 학원가에 다니는 학부모들은 커리큘럼에 훤했는데, 나한테는 비전을 못 느꼈던 것이다. 한마디로 프로처럼 보이지 않았다.

6개월 만에 그만둔 초등학생 남매는 큰아이가 초등학교 6학년이 되었는데도 중학교 과정을 해주지 않은 것이 원인이었다. 중학생이 된 후에 수업을 어떤 식으로 진행할 것인지 전혀 언급하지 않았던 것이다.

그동안 나만의 중·고등 과정 커리큘럼을 가지고 수업을 했다. 아이들이 내 수업을 좋아한들, 한두 달 만에 성적이 수십 점 이상 오른다 한들 비전을 제시하지 않으면 소용없었다. 그 모든 것을 만족시키면서 비전까지 있어야 한다는 것을 5년 차에 깨달았다.

'잘 가르친다'는 기준은 무엇일까? 성적과 실력이 올라가고, 어려운 과정을 가르치면 되는 것일까? 아이가 재미있어하고, 가격이 비싸지 않은 것은 기본이다. 거기에 더해 지속적으로 학생들과 엄마들에게 비전을 제시해야 한다. 학부모들은 냉정하다. '이 선생에게 내 아이를 맡겨서 서울의 상위권 대학을 보낼 수 있다'는 비전이 보이지 않는다면 언제든지 단칼에 그만둔다.

학부모 입장에서 생각하면 냉정한 것이 아니라 당연한 것이었다. 그제야 그들을 이해할 수 있었다. 아이들을 관리하고 가르치는 실력이 프로급이어야 한다. 학부모들과 밀당(맞춤형 관리)을 해야 하고, 아이들과도 밀당(밀착 관리)을 해야 한다. 그래야 아이들이 그만두지 않고 졸업할 때까지 계속 다니며, 소개도 끊임없이 이어지는 것이다.

프랜차이즈
가맹의 현실

프랜차이즈가 성공을 보장하지 않는다

프랜차이즈보다 중요한 것은 남들이 가지지 못한 나만의 특급 콘텐츠다. 학부모와 학생들 모두 좋아하는 공부방이 되어야 한다. "프랜차이즈 프로그램에 가맹만 하면 잘될 줄 알았는데, 전단지를 4,000장이나 뿌려도 겨우 전화 두 통에 등록은 0명이네요." "요즘 잘나가는 OO영어가 학생들을 모아준다고 해서 1,000만 원 넘게 주고 가맹했어요. 첫 달에는 이벤트로 아이들이 50명 들어왔는데, 정규반으로 전환한 것은 고작 5명이에요. 거기에 원래 제 학생이 3명 있었으니까, 신규 학생은 고작 2명인 거죠."

프랜차이즈라고 해서 광고처럼 다 잘되는 것은 아니다. 어떤 곳은 안 되고, 어떤 곳은 잘된다. 그런데도 영어 프랜차이즈는 무조건 잘될 거라고 생각한다. 아이를 학교에 보낸다고 해서 공부를 다 잘하는 것은 아니다. 마찬가지로 프랜차이즈 가맹을 한다 해도 원장 스스로 성공해야 한다. SKY(서울대, 연세대, 고려대)를 많이 보낸 최고의 과외 선생님이 가르친들 아이 스스로 열심히 공부하지 않으면 좋은 대학에 들어갈 수 없다. 항상 성공의 기본 조건은 선생이 꾸준히 노력하고 실천해나가는 것이다.

프랜차이즈에 가맹하는 이유

사람들이 프랜차이즈에 가맹하는 이유는 다음과 같다.

첫째, 난생처음 시작할 때는 아는 것이 전혀 없어서 막막하기 때문이다.

프랜차이즈를 시작하기 전에 성공한 원장을 찾아가 조언을 구하라. 지인 중에 프랜차이즈로 성공한 실력 있는 원장이 없다면 인터넷 카페나 유튜브 등에서 찾으면 된다. 특히 인터넷 검색창이나 유튜브에서 'OO 프랜차이즈 장단점'이라고 검색하면 수많은 결과가 나오니 어느 정도 도움이 될 것이다. 학생들을 100명 정도 보유하고 있는 공부방 선생님을 발견하면 비용을 지불하더라도 찾아가서 배우는 것이 좋다.

모든 것을 알려주지는 않는다 하더라도 가장 중요한 몇 가지는 듣게 될 것이다. 그런 사람을 찾지 못했다 하더라도 나처럼 오프라인이나 온라인 강의에서 노하우를 들을 수 있다. 10년 이상의 실전 경험을 적은 비용으로 얻는 방법이다. 인터넷 검색을 통해 최소 3명 이상 만나라. 5명 정도 만날 것을 추천한다. 많이 만날수록 그만큼 더 많은 것을 배운다.

둘째, 고등부를 가르치다 보면 초등학교 과정을 잘 모르기 때문이다.

고등학생들만 가르치다 힘들다고 해서 초등학생으로 전환하는 것은 추천하지 않는다. 고등부를 가르치다 초등부로 바꾼 대부분의 원장들은 감당하기 어렵다고 토로한다. 해줘야 할 것이 너무 많기 때문이다. 고등학생은 대학을 가기 위해 알아서 공부하지만 시험도 없는 초등학생들은 하나부터 열까지 떠먹여 주다시피 해야 한다.

셋째, 잘되고 있지만 나이가 들어 강사를 고용하려면 프랜차이즈가 적합하다고 생각하기 때문이다.

불법이니 조심하기 바란다. 남들이 으레 그렇게 한다고 해서 따라 하는 것은 좋지 않다.

"불법이긴 하지만 서로 암암리에 묵인해줘요."

"그러다 교육청에 신고하면 어쩌려고……."

"벌써 5년째 하고 있는데 그런 일은 한 번도 없었어요."

파트타임으로 선생 2명을 고용하던 공부방 원장은 필리핀 선생을 고용했다가 한 달 만에 교육청에 신고되어 영업정지 후 폐업했다. 공부방에서 선생을 고용하는 것은 불법이다. 단, 부부가 함께 가르치는 것은 괜찮다.

군이 위험을 무릅쓰더라도 선생을 고용하겠다고 하면 최소 중·고등부는 몇 팀이라도 직강(직접 강의)을 하는 것이 좋다. 강사는 지나가는 나그네일 뿐이다. 아무리 잘 안다고 해도 강사만 믿고 일을 벌이면 안 된다. 그리고 원장이 직강을 하다가 안 하면 학생들과 학부모들 모두 싫어한다. 편하고 쉽게 돈 버는 방법은 없다. 모든 것이 내 손을 거쳐야 한다는 것을 잊지 말자.

넷째, 내가 가르치던 과목의 아이들이 그만둬서 선생을 고용해 다른 과목을 가르치려는 것이다.

영어든 수학이든 아이들이 50~70명 이상 되지 않는 한 다른 과목을 가르치는 것을 추천하지 않는다. 학부모가 요구하거나 다른 돌파구를 찾기 위해, 또는 수익을 더 많이 내기 위해 선생을 고용해 잘 모르는 과목을 가르치고자 프랜차이즈에 가맹하면 분명 둘 중에 하나는 그만두게 된다. 한 과목도 성공하지 못했는데, 두 과목을 하면 집중하기도 힘들고 전문성이 떨어져 학생들을 모으기도 힘들다.

일산 주엽동의 한 공부방에서 있었던 일이다. 40평 아파트 월세를 얻어 공부방을 열었는데 학생이 40명도 되지 않았다. 그래서 돌파구로 수능까지 가르칠 수 있다는 'OO수학'을 가맹해서 기존 아이들이 절반 정도 듣게 됐다.

수학을 가르친 경험이 없었던 원장은 '남들도 몰래몰래 하니까 괜찮다'는 생각으로 스펙 좋은 수학 선생을 고용했다. 그런데 수업도 대충대충 넘어가고 인성도 좋지 않아 학부모들 불만이 끊이지 않았다. 수학을 듣던 학생들이 절반 정도 그만두면서 영어까지 끊어버려 학생 수가 오히려 반 토막이 났다. 결국 6개월 뒤 월세를 감당하지 못한 원장은 공부방을 접을 수밖에 없었다.

다섯째, 대박이 난다는 광고에 현혹되었기 때문이다.

프랜차이즈 가맹으로 대박을 내는 경우는 극히 드물다. 100명 중에 1명 있을까 말까 하다. 성공한 경우도 속을 들여다보면, 원래 아이들을 많이 보유하고 있었던 곳들이다. 프랜차이즈를 가맹한다고 해서 무조건 성공하는 것은 아니다. 대부분 언젠가는 가맹을 해지한다. 프랜차이즈 치킨집을 오픈한다고 해서 한 달 만에 수억 원을 벌지는 못한다. 어떤 종류의 프랜차이즈든 성공은 오직 나의 노력과 열정에 달려 있다.

공부방만 오픈하면 아이들이 줄을 서서 들어오던 시대는 지났다. 2008년 미국발 금융 위기(서브프라임 모기지 사태) 이후 사교육 시장이 무너졌다. 특히 초저가인 초등학교 방과 후 교실 때문에 학원과 공부방은 직격탄을 맞았다.

사교육 시장의 전성기가 다시 돌아오기는 힘들다. 학생들을 계속 끌어들이고 유지하는 방법을 배워야 한다. 학부모들은 프랜차이즈 간판을 보고 아이들을 맡기는 것이 아니다. 원장의 가르치는 실력과 관리 능력을 보고 오는 것이다.

여섯째, 친구나 지인들이 가맹을 권유했기 때문이다.

언제나 내가 선택한 결정의 결과는 오직 나의 몫이다. 친구나 지인은 프랜차이즈 가맹비도, 인테리어 비용도 책임지지 않는다. 그들이 성공을 보장할 수도 없다. 친구나 지인들의 조언은 참고만 하고 전문가를 찾아가 한마디라도 더 듣는 것이 낫다.

일곱째, 'OO영어', 'OOO영어'가 뜬다는 말에 귀가 솔깃하기 때문이다.

유행은 한순간이다. 프랜차이즈 브랜드가 영원하다면 한때 잘 나가던 '정철어학원', '왕수학' 등은 왜 사라졌을까? 1990년대 말부터 2000년대 초까지 '무한리필 조개구이'가 동네마다 서너 곳은 있었다. 하지만 지금은 조개구이집을 찾아보기 힘들다. 영원한 브랜드는 없다. 유행보다 콘텐츠에 집중하자.

여덟째, 우리 동네에 아직 없으니 선점할 수 있다고 생각하기 때문이다.

남극에 냉장고 회사가 없고, 아프리카에 히터나 보일러 회사가 없는 이유를 생각해보자. 어느 동네에 프랜차이즈가 들어오지 않는 이유는 대부분 자리가 좋지 않기 때문이다. 1만 세대 이상의 새 아파트가 들어선 신도시에는 대부분 프랜차이즈 공부방들이 있다. 수요가 많으면 공급도 많게 마련이다. 수요가 없으니 공급도 없는 것이다.

프랜차이즈의 장점

첫째, 실력과 경험이 적거나 초등학생을 가르쳐본 적이 없다면 프랜차이즈를 추천한다. 직장을 다니다가 직업을 바꾸려고 하거나 전업주부였다가 마흔 살쯤에 일을 시작하려는 사람들, 육아를 위해 직장을 그만두고 집에서 아이를 키우며 일하고 싶은 경우에는 프랜차이즈가 낫다.

둘째, 상담을 통해 어렵지 않게 사교육 시장의 첫걸음을 뗄 수 있고, 교재와 커리큘럼을 본사에서 주기적으로 공급해준다. 과외 경력이 5~6년 이상이면 상관없지만, 학원에서 강사 생활만 몇 년 했다면 프랜차이즈를 이용해볼 만하다.

셋째, 자기주도 학습이므로 학생들을 레벨별, 학년별로 나눌 필요 없으니 아예 수업시간표를 짤 필요가 없다. 가르친 경험이 없거나 적은 사람들에게 좋은 시스템이다. 특히 요즘은 온라인 콘텐츠가 잘되어 있다. 컴퓨터로 아이들 스스로 공부하고 모르는 것만 설명해주는 시스템이라 가르치기 편하다.

프랜차이즈의 단점

첫째, 대부분 초등학생에게 맞춰져 있다.

초등 외고, 특목고 반이나 중등 커리큘럼이 있기는 하지만 사실상 1년에 네 번의 시험 대비를 오로지 원장 혼자 준비해야 한다. 중·고등부 시험에 대비하기 힘들어서 온라인 콘텐츠 회사에 가맹을 한다. 초·중등은 매달 책값에 콘텐츠 사용료를 빼고 나면 사실 남는 것이 별로 없다. 그리고 중학생 엄마들은 대부분 입시학원으로 옮기거나 실력 있는 초등학교 5~6학년의 이탈률이 심하다. 대부분의 프랜차이즈 가맹 원장들이 신규 중학생을 모으기가 너무 어렵다고 토로한다.

둘째, 엄마들 사이에서 프랜차이즈는 초등학생만 하는 것이라는 인식이 강하다.

초등학교 5~6학년 아이들은 어학원 쪽으로 많이 빠지고, 특히 중학생 신규 등록이 거의 없다. 고등부는 아예 문의조차 없다.

셋째, 매달 교재비로 나가는 비용이 만만치 않다.

아이들의 진도가 느려도 무조건 한 달에 정해진 분량의 교재(1~2권 정도)가 나가야 한다. 이것이 최대의 단점이다. 아이들의 학습 속도가 제각기 다른데 매달 한두 권씩 진도를 맞춰야 한다면 가르치는 선생도, 배우는 학생도 모두 힘들 수밖에 없다.

넷째, 다른 교재를 쓰다가 적발 시 가맹 해지 사유가 된다.

프랜차이즈에서 제공하는 것 외에 다른 교재를 쓰다가 적발되면 계약 위반으로 가맹 해지된다. 읽기, 듣기, 쓰기, 말하기가 다 된다고 하지만 부족한 부분들이 한두 가지 생기게 마련이다. 그래서 다른 교재를 섞어서 쓰다 보면 한 달에 할당량 1권의 진도를 나가지 못할 수 있다. 한두 번은 눈감아 주겠지만 계속되면 지사장이 감찰을 나온다. 실제로 인천에서 공부방으로 출발해 180명 정도 되는 학원을 운영했는데, 다른 교재를 쓰다가 걸려서 가맹 해지를 당하고 다른 프랜차이즈로 바꾼 경우가 있다.

다섯째, 한 동네에 공부방과 학원을 두 군데 내주고 서로 나눠 먹기 식으로 경영을 한다.

대부분의 프랜차이즈 회사들은 한 동네에 학원 하나 공부방 하나를 내준다. 세대수가 많은 아파트 단지의 경우 아파트 상가와 아파트 양쪽에 공부방을 내준다. 본사는 최대한 가맹점을 늘려야 회사를 운영할 수 있으니 어쩔 수 없다고 한다. 하지만 공부방을 운영하는 입장에서는 그리 좋은 조건이 아니다. 대부분의 프랜차이즈가 이런 식으로 운영된다. 가맹하기 전에 꼼꼼히 따져보고, 하나라도 더 물어보고 체크해서 신중히 결정해야 한다.

여섯째, 가장 중요한 학생 모집을 책임지지 않는다.

누구나 알고 있는 것만 알려주고, 가맹 계약 후 소홀한 관리로 대부분의 프랜차이즈 공부방이 학생 모집에 큰 어려움을 겪고 있다. 모집 노하우라면서 지사장이 초등학교 앞에서 전단지(파닉스 2~3주 무료 수강)나 물티슈를 나눠 주는 경우도 있다.

가맹만 하면 성공할 것처럼 광고를 하고는 정작 가맹을 하면 나 몰라라 하는 곳이 많다. 그렇지 않은 회사를 찾아야 한다. 통계 자료에 따르면 프랜차이즈 프로그램은 저학년 대상이라는 인식이 강해서 고학년 엄마들이 꺼린다고 한다.

유일하게 급성장하고 있는 프랜차이즈가 'OO영어'이다. 학생을 모집해주는 유일한 영어 프랜차이즈이긴 하지만 역시나 초등학생만 모아준다. 그런데도 계약금이 1,000만 원에 매달 5만 원씩 가맹비를 내야 한다.

프랜차이즈는 안정적으로 첫발을 내디디게 해준다. 하지만 다른 분야의 프랜차이즈 회사들처럼 밥을 떠먹여 주지는 않는다. 성공과 실패는 나의 능력에 달려 있다.

초등학생을 가르쳐본 경험이 아예 없거나 또는 경험은 있지만 교재나 수업 구성에 자신이 없는 경우에는 프랜차이즈 가맹을 할 만하다. 하지만 나중에는 다른 교재를 사용하므로 평생 같이 갈 수는 없다.

학생들을 가르쳐본 경험이 최소 3~4년 이상이라면 프랜차이즈 가맹에 대해 좀더 신중해야 한다. 주변의 조언을 최대한 많이 구하는 것이 좋다.

프랜차이즈 공부방에 신규 중·고등학생을 끌어들이는 방법

1. 입구에 '중·고등 영어 전문'이라고 적은 배너를 하나 더 세워라.

영어 학원에서 수학 프랜차이즈를 할 때는 간판을 더 달듯이 중·고등 전문이라고 적은 간판을 달아야 알고 찾아온다.

① 창문에 '중·고등 영어 전문'이라고 써 붙여라.

② 입간판 같은 (물통) 배너를 입구에 설치하라.

초등 프랜차이즈 간판만 내걸고서 중·고등학생들이 안 온다고 불평하는 것은 냉면집 간판을 내걸고서 갈비탕 손님이 안 온다고 불평하는 것과 같다.

2. 엄마들이 좋아하는 개인 이름을 내걸고 하라.

중·고등 입시 전문 학원이든 공부방이든 잘되는 곳은 서일영어, 강남의 정이조영어, 대구의 문강영어 등 자기 이름을 내걸고 하는 곳이 많다. 이름 모두를 쓰는 것보다 '○○영어, ○○수학'처럼 두 자가 좋다. 내가 원장들에게 지어준 이름은 '김민영어', '최갑수학' 등 헤아릴 수 없이 많은데, 이름 때문에 중·고등부가 많이 들어오게 되었다.

3. 중·고등 전문 공부방에 어울리는 이름으로 바꿔라.

영어 이름을 쓰거나 'ENGLISH'가 들어간 이름은 '초등 전문입니다'라고 쓴 것이나 마찬가지다. ○○ ENGLISH, ○○○ ENGLISH, 제니퍼 영어, 토마스 영어, 마이클 영어, 뉴욕 영어 등은 바꾸는 것이 좋다. 굳이 영어 이름을 쓰고 싶으면 '존쌤 영어', '리키쌤 영어' 등 영어와 한글을 섞는 것이 조금 낫다.

4. 저렴한 비용으로 24시간 눈에 띄는 간판을 만들어라.

(또는 광고비 한 푼 안 드는, 365일 눈에 잘 띄는 광고 도구를 설치하자.)

4~5미터 LED 간판을 창가에 설치한다. 광고 콘셉트는 매월 또는 분기마다 바꿀 수 있다. '방학특강', '초등 파닉스 2주 또는 한 달 무료' 등 초·중·고등부 콘셉트에 맞춰 광고비 없이 365일 광고할 수 있어서 좋다.

돈 되는 학생과 안 되는 학생이 있다?

성적 하위권이 블루오션이다

대부분의 원장들은 영어 사교육을 한 번도 받지 못한 하위권 아이들을 가르치고 싶어 하지 않는다. be동사와 3인칭 같은 기초 영문법은 물론 단어를 읽지도 못하는 아이들을 꺼리게 마련이다. '잘 가르쳐서 성적을 팍팍 올려줘야지'라는 생각보다 어쩔 수 없이 받는 경우가 대부분이다.

1년 동안 알파벳만 공부한 '알파벳 형제'와 독도가 일본 땅인 줄 알고 있는 중학교 2학년 '독도 소녀'를 가르치면서 처음에는 답답하기만 했다. 하지만 생각을 바꿨다. '모르니까, 못하니까 나를 찾아온 거잖아. 잘 가르쳐달라고 돈을 지불하는 것 아니겠어.'

나 역시 학창 시절 영어를 잘 못했기에 그 심정을 누구보다 잘 안다. 그래서 이 아이들에게 '영어는 절대 어렵지 않다'는 희망을 주기 위해 몇 배의 시간을 들여 자료를 준비했다. 그렇게 해서 최하위권 아이들은 졸업할 때까지 나와 공부하게 되었다.

영어 단어를 읽을 줄 모르는 초·중·고등학교 아이들을 위해 한 컴사전과 네이버 사전을 비롯해 5개의 사전을 대조해가면서 비슷한 단어를 정리했다. 알파벳 음가만 알면 한 달 만에 초·중등 4,000단어 파닉스, 2주 만에 완성되는 초·중·고 8,000단어 파닉스, 상위권 아이들을 위한 수능·텝스 4,000단어 파닉스를 10년 동안 완성했다. 그래서 10점짜리 학생이든 4점짜리 학생이든 초·중·고 1만 2,000단어를 공부하면 한 달 만에 교과서와 모의고사, EBS 외부 지문을 모두 읽을 수 있다. 아이들은 교과서를 읽게 되자 자존감이 높아졌다. 영어 공부에 대한 의욕이 생기자 성적도 올라갔다.

내가 만든 1만 2,000단어 초속성 파닉스 책으로 매달 전국의 선생님과 원장님들에게 강의를 한다. 교육청 통계에 따르면 중·고등학교에서 영어를 포기하거나 영어 점수가 50점이 안 되는 아이들은 전교생의 30~40퍼센트나 된다. 교육 사업에서 고객층이 가장 많은 하위권 아이들이야말로 블루오션이다. 하지만 대부분의 원장들은 단어조차 읽지 못하는 아이들을 아예 받지 않으려고 한다.

"올인원 강의(학생 모집, 연상 문법, 영작 달인, 초속성 파닉스 강의)를 모두 들었어요. 제가 중·고등 전문이라 파닉스 강의는 활용하지 못하다가 시험 삼아 네 살짜리 조카를 가르쳐봤는데, 단어를 술술 읽더라고요. 정말 깜짝 놀랐어요."

"영어 단어도 못 읽는 중·고등학생은 받고 싶지 않아요." "영포자(영어를 포기한 아이들)나 성적이 하위권인 아이들 말고 상위권만 받으려고 하는데 괜찮을까요?" 상위권을 대상으로 했으나 실패한 사례는 외고와 특목고 진학을 목표로 내세운 'OO영어', 외국에 살다가 한국으로 돌아온 리터니(returnee)들을 위한 'OO영어'이다. 두 프랜차이즈 회사는 지금 거의 자취를 감췄다.

어떤 학생들이 블루오션이고 레드오션인가? 레드오션은 말 그대로 돈이 안 되는 학생들이다. 한마디로 졸업할 때까지 계속 다니지 않거나 절대 소개해주지 않는 아이들이다. 국제중학교, 외고, 특목고, SKY 대비반 등 1등급을 유지하는 상위권 학생들이다. 레드오션을 택한 원장은 돈을 적게 번다. 쉬는 날도 없이 평일 새벽까지 가르치다 보면 어느새 쉰을 훌쩍 넘긴다. 상위권 아이들을 전혀 받지 말라는 뜻이 아니다. 상위권 위주로 콘셉트를 짜지 말라는 것이다.

블루오션은 말 그대로 돈이 되는 학생들이다. 졸업할 때까지 계속 다니고, 소개를 잘해 주는 학생들이다. 중·하위와 최하위권 아이들이 여기에 해당한다. 사실상 성적만 60~70점까지 올려주고 그 점수를 유지하기만 하면 졸업할 때까지 계속 다닌다. 공부를 못하는 아이들을 상위권으로 올려주는 것은 모든 사교육 선생들이 해야 할 일이다. 하지만 하위권 아이들을 상위권으로 올려주면 학부모는 대형학원으로 옮겨버린다.

외고, 특목고 대비반이나 고등학교 3학년만 가르치는 원장들 대부분이 50대 중·후반이다. 명문 대학에서 영어를 전공하고 상위권 아이들만 가르치다 보니 어느새 환갑을 코앞에 두게 된다. 그들은 매일 밤 12~1시에 끝나고, 쉬는 날 하루 없이 기계처럼 일하고 남은 것은 나이밖에 없다고 하소연한다.

"20~30년 고등학생만 가르치고 남은 거라고는 달랑 집 하나예요. 내일모레면 예순이라 학생들도 그만두는데, 100세 시대에 앞으로 어떻게 살아갈지 막막하네요." 네이버 카페를 운영하는 5년 동안 예순이 넘어서까지 가르치고 있는 선생님은 단 2명밖에 만나지 못했다. 대부분의 학부모들은 20~30대 젊은 선생들이 넘쳐나는데 굳이 나이 많은 선생에게 맡길 이유가 없다고 생각한다.

돈이 되는 타깃을 잡아야 벌 수 있다

"저는 원래 초등 전문이에요. 그런데 가르치는 아이들이 중학생이 되고, 고등학생이 되면 어쩔 수 없잖아요"라고 말하는 원장들이 있다. 초·중·고등학생을 모두 받으면 전문성이 떨어진다. 아무리 잘 가르친다 해도 초·중·고등 모두에서 전문가가 되기는 힘들다.

고등부 전문은 있어도 중등부 전문은 아직 없다. 나는 오랫동안 대상을 고민한 끝에 중등을 중심으로 해서 초등학교 고학년과 고등학교 1학년까지만 받았다. 대상을 명확하게 잡고 11평 공부방에서 그룹 과외로 70명 이상 가르쳤다.

중학생은 50명 정도, 고등부는 두 팀에 12명을 받았다. 고등학교 2학년과 3학년은 아예 받지 않는다. 초등학생은 학년에 상관없이 예비 중학 과정을 배우는 아이들만 두 팀을 꾸려서 12명이다. 혼자 74명을 가르치고, 매달 월세와 경비를 모두 제하고도 월 순이익 1,000만 원을 넘겼다.

중학생을 중심으로 가르쳐야 하는 이유는 연결 고리가 되기 때문이다. 한집에서 형제자매 모두 내 공부방에 등록하도록 만들어야 한다. 10명이 등록하고 형제자매까지 연결되면 20명까지 늘어난다. 형제자매를 동시에 받을 확률이 훨씬 더 높고, 한 명씩 따로 모으는 것보다 훨씬 더 쉽다.

초등부에 주력하면 동생은 유치원생인 경우가 많고, 고등부를 주력으로 하면 형제자매가 대학생인 경우가 많다. 하지만 중학생에 주력하면 아래위 형제자매들이 모두 초등부와 고등부일 확률이 높기 때문에 형제자매를 모두 받을 수 있다.

"우리 철수는 형제가 어떻게 되나요? 저희는 회비가 저렴한데도, 형제가 같이 등록하면 10퍼센트 할인을 해드립니다."

"그래요? 고등학생도 가르치시나요? 그렇지 않아도 이번 시험을 망쳤는데, 아이랑 얘기해보고 연락드릴게요."

첫 상담부터 형제 할인을 알려주면 등록할 확률이 높다.

형제자매를 등록하면 둘 중에 하나가 못해도 다른 하나가 잘하면 쉽게 그만두지 않는다. 통계상 학부모들이 가장 귀찮아하는 것이 좋은 선생님을 찾아다니는 것이다. 그래서 자녀가 둘 이상이면 한곳에 모두 보내는 것을 좋아한다. 관리하기가 훨씬 편하기 때문이다.

공부방도 사업이다. 돈을 벌려면 타깃을 명확하게 정해야 한다.

| 초 · 중 · 고등학생 수업 특징 비교 분석 |

	수업 난이도	수업 준비	시험 대비 시간	쉬는 날	친구 소개	학생 모집 난이도	그만 두는 속도	수업 지속 연수	까다 로운 정도
고등부	최상	새벽까지 준비	주말에도 수업	없다. (주말, 공휴일 모두 수업)	거의 없다. 나갈 때 같이 나간다.	가장 빨리 모인다.	가장 빨리 그만 둔다. (빠르면 한두 달)	길면 2년, 평균 3개월 ~1년	많이 까다롭다. (잘 못하면 지적 당한다.)
중등부	중상	베테랑은 쉽다.	토요일 까지	원장에 따라 토요 수업 결정	보통	초등 보다는 빨리 모인다.	1~2년	평균 1~2년	보통 (여학생 제외)
초등 4~6	쉽다.	쉬운 편이다.	시험 없어 편함	주말, 공휴일 무조건 쉰다.	잘 나오는 편이다.	조금 어렵다.	초등 졸업할 때까지 계속 다니는 편이다.	평균 3~4년	까다 롭지 않다.
초등 1~3	매우 쉽다.	매우 쉽다	시험 이 뭐예요?	주말, 공휴일 수업 없다.	그룹을 만들어 온다.	매우 어렵다. (경기가 매우 안 좋아 고학년 때 보낸다.)	아주 느리다.	4~6년. (큰 문제 없으면 졸업할 때까지 다닌다.)	매우 쉽다.

회비가 싸다고
수준이 떨어지는가?

학부모들이 정말 원하는 것을 제공하라

처음 공부방을 열었을 때는 회비를 책정하기가 쉽지 않았다. 이제 막 시작했으니 다른 곳보다 적게 받아야겠다는 생각을 했다. 중학생은 1시간씩 주 3회 수업하고 한 달에 16만 원, 고등학생은 같은 시간에 20만 원으로 책정했다. 횟수와 시간, 가격, 3가지를 만족하지 못하면 학부모들은 떠난다.

"회비는 싼데 시간이 좀 적네요."

"그럼 2타임을 들으세요. 2타임에 30만 원입니다."

같은 가격에 시간을 더 늘려달라는 말을 처음에는 알아듣지 못했다. 사실 1:1 수업은 좀 더 심했다. 보통 1:1 과외를 50만~60

만 원을 받는다고 하기에 나는 학부모의 부담을 줄여주려고 30만 원을 받았다. 대신 1시간씩 주 2회로 시간을 절반으로 줄였다. "시간이 너무 적은 거 아닌가요? 다른 선생님들은 기본 1시간 30분에서 2시간은 하는데"라는 말이 들려왔다.

"10년 동안 학습서를 쓴 저자의 직강으로 강의 수준이 높다", "양보다 질이 더 중요하다"고 말해도 학부모들은 납득하지 못했다. 처음에는 학부모들이 이해되지 않았다. 내 수준에 그 정도 가격이면 엄청 싸다고 생각했다. 가르치는 시간보다 얼마나 집중해서 잘 가르치느냐가 중요하기 때문이다. 적은 회비로 많은 시간을 수업하기를 바라는 학부모들이 야속했다.

나는 해답을 찾기 위해 잘나가는 강사 출신 원장을 비롯해 여러 전문가들을 만났다. 심지어 마케팅 전문가에게 컨설팅을 신청하기도 했다. 수백만 원을 지불하고 상담을 받은 끝에 비로소 학부모들(소비자)이 무엇을 원하는지 알게 되었다.

"내 방식대로 고객을 끌고 가서는 돈을 벌 수가 없습니다. 더욱이 공급 과잉 상태인 사교육 시장에서는 말이죠. 먼저 고객인 학부모들이 원하는 콘셉트를 잡고 추가 서비스를 제공해야 고객들이 만족합니다. 다른 공부방과 비슷한 시간과 금액에 커리큘럼도 대동소이하다면 학부모들이 군이 선생님을 찾을 이유가 없겠지요. 다른 곳보다 수업 시간이 조금 더 많고 회비도 더 저렴해야 합니다. 잘 가르치기만 하면 되는 것 아니냐는 생각은 잘못입니다. 잘 가르치는 것은 기본입니다. 고객이 좋아하는 콘셉트를 잡고, 고객들이 원하는 서비스(관리)를 제공하면 분명 지금보다 몇 배는 더 좋아질 겁니다."

학생들을 가르친 경력은 7~8년 차인데, 비즈니스에서는 아직도 걸음마라는 생각이 들었다. 그리고 자존심을 내려놓고 초심으로 돌아가기로 했다. 비즈니스 마인드로 무장하고 가격은 다른 곳보다 월등히 싸면서 시간은 더 늘리기로 했다.

학부모들이 원하는 만큼 보충도 해주었다. 고객 서비스 마인드로 전환한 것이다. 나는 문법, 영작, 파닉스, 연상 단어 등 학습서를 직접 썼기 때문에 커리큘럼은 학부모들도 인정하고 있었다. 가르치는 실력에는 불만이 없었다.

그리고 각 반마다 매달 파티를 열어주고, 고등부 아이들은 1년에 한두 번 뷔페나 패밀리 레스토랑에서 외식을 해주었다. 아이들과 학부모들도 무척 좋아했다. 이후부터 소개가 많이 들어와서 항상 5~10명 정도 대기자가 생겼다.

'학부모들은 왜 나를 알아주지 않는가', '왜 소개를 해주지 않는가', 그 이유를 찾기까지 오랜 시간이 걸렸다. 하지만 정답은 항상 나에게 있었다.

'보통 초등학생은 매일 1시간씩 자기주도식으로 하면서 18만~20만 원 받으니까 나도 그 정도는 받아야지.' ' 초등 그룹 과외는 주 2회 1시간이나 1시간 30분에 20만~25만 원을 받으니까 나도 그 정도는 되어야겠지.' '중등은 보통 주 2회 1시간 30분이나 2시간에 25만~30만 원, 고등은 35만~40만 원, 고등학교 3학년은 50만~60만 원이니까 시세대로 하면 될 거야.'

이런 생각은 큰 오산이다.

잘 가르치는 것은 기본이고 다른 곳보다 저렴하게 1시간 더 해주어야 한다. 그것도 학부모가 요청하기 전에 알아서 해주는 것이다. 시험 때는 당연히 평일이나 주말에 보충을 해준다.

하나를 주면 2개를 얻을 수 있다

"너무 적게 받으면 싸구려 공부방으로 소문나지 않을까요?" "회비를 말도 안 되게 깎아주는 공부방들은 결국 문을 닫았더라고요." "새로 들어오는 아이들에게 적게 받으면 기존 아이들의 반발이 심할 텐데요. 기존 아이들 회비까지 낮추면 남는 것도 없고요."

적게 받는다고 해서 싸구려 공부방이 되는 것이 아니다. 성적이 떨어지고, 학생 관리가 제대로 되지 않기 때문이다. 1년 내내 세일을 하는 백화점이 싸구려 쇼핑몰인가? 싸고 품질(티칭, 성적, 관리) 좋으면 소비자(학부모)가 찾아오고 입소문이 나게 마련이다.

기존 학부모들에게 회비를 할인해주겠다고 하면 선생님 마음이 바뀔까 봐 곧바로 입금한다. 그렇게 되면 아이들이 졸업할 때까지 보낼 확률이 높고 소개도 잘 들어온다. 당장은 큰 손해인 듯싶지만 장기적으로 보면 이득이다.

월 매출이 500만 원 정도 되는 공부방 원장들은 그 매출이 영원할 거라고 생각한다. 하지만 우리나라 경제는 구조적 변화에 따른 수축기에 돌입했다. 경기가 완전히 꺾이면 학부모들은 조금이라도 저렴한 곳으로 갈아탄다.

나에게 무료 전화 컨설팅을 받고 과감하게 결단을 내린 원장들은 예전보다 아이들이 50퍼센트 이상 늘었다고 한다. 그것도 소개로만 말이다. "1년 동안 고민 끝에 4만 원을 내렸는데, 한 달 만에 10명 이상 소개가 들어왔어요." "우리 공부방이 조금 비싼 것 같다는 말을 듣고 5만 원을 할인해주겠다는 문자를 보냈는데 학부모 2명이 바로 입금했어요. 사실 회비가 부담돼서 이번 달까지만 보내려고 했대요."

이미 적게 받고 아이들이 졸업할 때까지 가르치는 원장들도 있었다. "학생 수가 80명 정도 돼요. 잘사는 동네가 아니라서 다른 곳보다 30~40퍼센트 적게 받고 있어요. 한번 들어온 아이들이 거의 5~6년 졸업할 때까지 다니고 있죠." "춘천 번화가에서 중학생을 14만 원에 주 3회 2~3시간씩 가르치는데 아이들이 엄청 몰려요."

학원과 방문 과외도 공부방의 경쟁 상대이다. 이미 포화 상태를 넘어 공급 과잉으로 최소 100 : 1의 경쟁을 해야 하는 것이 현실이다. 게다가 대기자가 있을 만큼 잘 가르친다고 소문이 난 것도 아닌데, 굳이 나를 선택할 이유가 있을까?

내 공부방에 아이들이 넘쳐나지 않는다면 다시 점검해봐야 한다. 다른 공부방보다 조금이라도 더 저렴한가? 조금이라도 더 많이 가르치는가? 학부모와 학생 관리를 잘하고 있는가? 더 늦기 전에 생각을 바꿔야 한다.

2장

★★★★★

100%
성공하는
공부방
노하우

교육열이 적당히 높은
곳에서 오픈하라

고객이 준비된 곳은 따로 있다

강사 생활을 3년 정도 하고, 2002년에 공부방을 열었다. 아내도 영어 선생이었지만 수업하는 것을 지겨워하기에 신혼집으로 얻은 투룸 월세방에서 공부방을 열기로 했다. 그런데 장소가 문제였다. 우리가 사는 곳은 아이들이 거의 오지 않는 유흥가 다세대 빌라 2층이었다. 아이들이 전철을 타고 오겠지, 하는 안이한 생각을 했는데, 3~4명을 모으는 데만 6개월이 걸렸다.

지금 생각하면 무모한 도전이었다. 거의 1년 가까이 일주일에 2~3일을 1~2시간씩 전단지를 붙이고 다녔다.

그 지역의 학부모들은 대부분 맞벌이였다. 반지하에 사는 중학교 2학년 남학생, 옥탑방 같은 꼭대기 층의 투룸에 사는 초등학교 5학년 아이, 한 부모 가정의 중학교 1학년 여학생 등등.

돈을 받기조차 미안할 정도였다. 다른 과외 선생들보다 저렴하게 주 2회에 20만 원을 받았지만, 그것마저 부담스러운지 6개월 만에 모두 그만뒀다. 그러다가 영어 서점의 실장이 근처 아파트에 사는 초등학생을 소개해주었다.

아파트가 밀집해 있는 것을 보고 이사를 와야겠다는 생각이 들었다. 15~16평 정도 되는 오래된 복도식 서민 아파트를 월세로 얻었다. 역시나 장소가 중요했는지, 학생 수가 크게 늘어났다.

그런데 아파트에서는 홍보할 방법이 없었다. 빌라는 광고 전단지를 현관문이나 벽에 붙여도 되지만 아파트는 경비원이 득달같이 달려왔다. 그러다 친절한 경비 아저씨가 알려주었다.

"아파트 관리사무소에 가서 일주일치 돈을 내고 도장을 받은 다음 1층 입구 게시판에 붙이면 돼요."

정식 허가를 받고 전단지를 붙인 다음 날 아침에 문자가 10통이나 왔다. 일주일 동안 과외 신청 문자가 20통 정도 들어왔다. 내가 사는 한 단지에만 붙였는데 말이다.

방문 과외는 1년 동안의 시련을 딛고 큰 전성기를 누리기 시작했다. 학생 모집 컨설팅을 하는 원장들을 통해 온라인으로도 모집했지만, 주로 이용하는 것은 여전히 아파트 게시판이었다. 지금은 일주일에 수십 명을 모으기는 그리 어렵지 않다. 학부모들의 전화가 빗발쳤던 이유는 무엇보다 가격이 저렴했기 때문이다.

16년 전 방문 과외가 보통 30만~40만 원 하던 시절에 16만 원을 받는다고 하니 형편이 어려운 학부모들뿐만 아니라 잘사는 학부모들도 큰 관심을 보였다. 그때도 방문 과외를 하는 사람들이 많아서 등록한 학생이 졸업할 때까지 계속한다는 보장은 없었다. 아이들이 졸업할 때까지 계속 다니려면 학부모와 학생 관리가 더 중요하다는 것을 전업 과외 3~4년 차에 알게 되었다.

자칭 '전문 과외 선생'이 되었지만 한 달 동안 받은 20명의 아이들은 6개월도 되지 않아 절반으로 줄어들었다. 학부모들은 한두 달 맡겨보고는 아이들을 학원으로 보냈다.

하지만 3년 차가 되었을 때는 더 이상 광고를 할 필요가 없었다. 회비는 싸고 굉장히 잘 가르친다는 입소문이 나기 시작했기 때문이다. 항상 대기자가 생길 정도로 시간이 모자랐다.

몇 년을 하다 보니 피로감과 함께 욕심이 찾아왔다. 처음에는 학생이 10명만 있으면 좋겠다고 생각했는데, 이제는 다른 과외 선생들처럼 30만~40만 원을 받고 싶었다. 학생들과 학부모들에게 물어보니 일산 신도시가 낫다고 추천을 해줬다.

대형 아파트 단지를 공략하라

그때부터 본격적인 학원 사업이 시작되었다. 하지만 그곳이 나의 무덤이 될 줄은 꿈에도 생각지 못했다. 부푼 꿈을 안고 일산에서 다시 둥지를 틀었다. 교육열도 높고, 학부모들도 경제적으로 여유로운 곳이어서 이전보다 최소 10만 원은 더 받을 수 있었다. 잘 사는 사람들도 꽤 있어서 고등학교 3학년을 한 달에 200만 원 받은 적도 있었다. 나중에 과외를 하던 학생들을 믿고 오픈한 곳은 공교 롭게도 대형 프랜차이즈들도 망한다는 정글과 같은 학원가였다.

일산 학원가는 교육열의 정점을 찍는 곳이었다. 전국에서 가장 큰 5대 학원가가 서울과 경기권에 있는데, 대치동, 목동, 일산, 평촌, 중계동이다. 나머지 네 곳의 학원가도 가봤지만 일산처럼 학원가가 두 군데나 있는 곳은 없다. 더구나 1.5~2킬로미터 일직선 도로가 학원 빌딩들로 채워진 곳은 일산밖에 없다. 후곡 학원가와 백마 학원가를 합치면 1,000개가 넘을 정도였다. 학원 수로 따지면 사실상 전국 1위였다.

교육열이 높은 학원가에서는 학생을 모으기가 쉽다. 하지만 성적이 조금만 떨어져도, 커리큘럼이 조금만 마음에 안 들어도 그만두기 일쑤다. 학원들이 최소 수백 개가 밀집해 있으니, 학부모들은 선택의 여지도 많고 정보도 꿰고 있다.

아이들이 가장 빨리 그만두는 곳은 대치동과 목동이다. 부촌의 학원가는 그야말로 원장들이 을 중의 을이다. 대치동과 목동 학원가에서 살아남은 원장은 정말 존경스럽기까지 하다.

한번은 앞 빌라 2층에 공부방을 오픈한 원장이 내 강의를 들으러 온 적이 있다. 나는 자리 좋은 곳도 많은데 왜 굳이 시장 앞에서 열었냐고 물어보았다. 그러자 원장은 장을 보러 오는 엄마들에게 홍보할 생각이었다고 말했다.

유흥가 또는 시장 앞에서는 학생들을 모으기 힘들다. 어느 정도 교육열이 있는 곳으로 가야 한다. 학원가나 강남처럼 극성스러운 곳도 힘들지만, 시흥처럼 시험이 너무 쉬워서 교육열이 떨어지는 동네에서는 아이들을 모으기가 쉽지 않다.

시흥에서는 1년에 2개 고등학교의 전교 1등만이 '인서울'(서울 소재 대학교)을 한다. 단 2명만이 서울에 있는 대학에 들어가는 것이다. 그렇다고 중위권 대학에 진학하는 것도 아니다. 이것은 교육열이 크게 떨어진다는 것을 의미한다.

게다가 아파트가 4,000~5,000세대 정도이고 대부분 넉넉하지 못하다. 수행평가도 굉장히 쉽고, 선생님들이 학교 시험 문제까지 찍어준다고 한다. 학원이나 공부방을 다니지 않고 혼자 공부해도 70~80점이 나올 정도다.

자리가 안 좋아도 교육열은 있어야 한다

시흥과 대조되는 곳이 고양외고가 있는 고양시 덕양구 관산동이다. 아파트 단지도 2,000세대 하나뿐이고, 대부분 다세대 빌라들이다. '여기서 학원이나 공부방을 운영하는 사람들은 도대체 어떤 생각일까? 학생들이 없는데도 그냥 버티기를 하는 것인가?' 하는 생각이 들었다.

관산동의 하나밖에 없는 아파트 단지에서 공부방을 운영하는 원장이 '학생 모집' 오프라인 강의를 들으러 오겠다고 연락이 왔다. 그는 몇 년 동안 학생이 7~8명밖에 되지 않아 힘들다고 토로했다. 나는 아이들이 많지 않은 동네이니 미니 신도시급인 식사동이나 삼송 신도시로 옮길 것을 추천했다. 하지만 집안 사정상 관산동에서 계속 공부방을 운영해야 한다는 것이었다. 원래 학생들이 적은 지역이니 10명 정도면 정말 많이 모으는 것이라고 조언해주었다. 그런데 2018년 겨울에 그 원장이 카페에 올린 실천 후기를 보고 깜짝 놀랐다.

"학생 수가 10명도 안 되는 공부방이었는데, '학생 모집 강의'를 듣고 지금은 30명 가까이 받고 있어요." 나는 곧바로 전화해서 2,000세대밖에 안 되는 아파트에서 어떻게 그렇게 많이 등록했느냐고 물어보았다. 세대 수는 얼마 안 되지만 고양외고가 있어서 교육열이 매우 높다고 했다.

이와 같이 특수한 곳을 제외하고는 적당히 교육열이 있는 곳에 열어야 성공 가능성이 높다. 동네마다 교육열이 다르다. 교육열이 지나치게 높거나 너무 낮지도 않아야 한다. 예를 들어 수원 영통처럼 학교 시험이 적당히 어려운 곳이다. 이런 곳을 찾는 방법은 다음 장에서 알아보자.

경제적 여유가 있는
지역으로 가라

적당히 넉넉한 지역을 골라라

일산 신도시는 교육열도 높은 데다 경제적인 여유도 있어서 아이들을 모집하기가 조금 더 수월하다. 2017년 11월 전까지는 7,000~8,000세대 이상이면 항상 문의 전화가 수십 통이 왔다. 2017년 11월 셋째와 넷째 주에 컨설팅이 끝난 원장들은 4명 중 1명만 성공 했고, 2명은 전화가 거의 오지 않았다고 했다.

모두 2015~2016년에 이미 컨설팅을 받아 목표 인원수보다 2~3배를 모은 상태이기는 했지만 저조한 실적에 무척 놀랐다. 2017년 11월 셋째 주와 넷째 주에 홍보를 하고 12월 초에 결과가 나왔다. 대구 동구 OO동, 원주 OO동, 화성 OO동, 동탄 2신도시의 원장 4명 중 전화가 수십 통 온 곳은 동탄 2신도시뿐이었다. 나머지는 문의 전화가 2~5통밖에 오지 않아 경기가 완전히 꺾이고 있음을 직감했다.

동탄 2신도시는 주공아파트나 LH 휴먼시아 아파트가 전혀 없는 곳이다. 주공아파트와 휴먼시아 아파트는 영어나 수학 어느 하나도 사교육을 하기 힘든 형편이다. 원주와 화성을 분석해보니 70~80퍼센트가 주공아파트와 휴먼시아 아파트였다. 그 후 학생 모집 컨설팅은 주공아파트와 휴먼시아 아파트가 없는 지역의 원장들만 받았다. 신규로 오픈하는 공부방 원장들에게도 주로 브랜드 아파트들이 밀집한 곳을 추천했다.

소비자 브랜드 선호도가 상위권인 아파트는 래미안, 롯데캐슬, 자이, 힐스테이트 등이다. 임대 아파트가 많은 지역은 추천하지 않았다. 형편이 넉넉하지 못한 지역에서 사교육이 성공하기는 힘들다. 예를 들어 주공아파트가 많은 평택이나 광명시도 사교육이 활발한 환경이 아니다.

그렇다고 해서 강남이나 목동, 잠실을 추천하지도 않는다. 민영 아파트들이 많고 잘사는 지역이지만 교육열이 극심하기 때문이다. 이런 곳은 아이들이 길어야 1년 이상 다니기 힘들다.

교육열이 없다면 독점할 수 있는 곳으로 가라

교육열이 낮은데도 잘되는 곳이 있다. 공부방과 학원이 거의 없는 곳이다. 최전방인 철원, 섬, 청송 교도소 지역이 대표적이다. 철원에는 군인 아파트들이 많아서 어느 정도만 가르쳐도 독점할 수 있다.

강사로 활동할 때 철원에 있는 학원으로부터 스카우트 제의를 받은 적이 있다. 숙식 제공에 월 300만~400만 원을 주겠다고 했다. 150만 원을 받던 시절이었으니 꽤 고수익이었다. 하지만 일산에서 왕복 5시간이 걸려서 거절했다.

전라도 순천 근처의 섬에서 7~8년 정도 공부방을 하다가 자녀의 교육 때문에 순천 시내로 나온 원장이 있었다. 그 섬에는 영어 선생님이 남자인 그 원장과 여자 원장 단 2명뿐이었다. 그런데 여자 선생은 사춘기 남학생들을 제압하지 못해서 남자 원장의 공부방에 아이들이 많았다고 했다. 섬 전체에서 사교육을 하는 선생이 2명밖에 없었으니 광고를 할 필요도 없고 항상 대기자가 있었다.

교도소가 있는 경상도 청송은 인구가 적고, 밤에는 반딧불을 볼 수 있는 산골 소도시다. 여기에도 학원과 공부방을 모두 합쳐 2개밖에 없다고 한다. 프랜차이즈 학원이 하나 있는데, 대기자가 많았다. 학생들에게 선택의 여지가 없으니 잘되는 것이 당연하다.

이렇게 특수한 지역은 교육열이 낮아도 상관없다. 하지만 이런 곳으로 터전을 옮기기가 쉽지는 않다.

물고기 떼가 있는 곳은 강이 아니라 바다이다. 2019년 들어 IMF 이후 소상공인 폐업률이 80퍼센트로 최고치를 경신했다. 경기가 좋지 않으면 경제적 여유가 없는 학부모들은 아이들 학원과 공부방을 그만둘 수밖에 없다.

경제적 여유가 조금이라도 있는 지역은 어떻게 해서든 사교육을 중단하지 않는다. 학생들을 많이 모으고, 오랫동안 가르치고 싶다면 브랜드 아파트들이 모여 있는 지역에서 공부방을 열어야 한다. 브랜드 선호도 순위 3위 이하의 아파트에 공부방이 있다면 이전을 깊이 고민해봐야 한다.

신도시 아파트는
10년을 간다

고객들이 몰려 있는 곳을 살펴라

인구 절벽으로 학령인구(학생)가 계속 줄어듦에 따라 사교육 시장은 길어야 10년이라고 전망한다. 신도시가 아닌 지역은 5년 뒤 아이들이 절반으로 줄어들 거라고 한다. 실제로 2019년 중학교 신입생이 전국적으로 30퍼센트 줄었다. 5년 뒤 그 아이들이 고등학교 3학년이 되면 중학교 신입생은 현재보다 50퍼센트 줄어들 것이다.

신도시는 초등학교 학생들이 1,000명 이상인 곳들도 많다. 신도시에서 시작하면 10년은 괜찮을 것이다. 공부방을 5년만 하고 접을 것이 아니라면 신도시로 가야 한다. 학생들이 많을 뿐만 아니라 인프라, 교육열 그리고 경제적 여유가 있기 때문이다.

경제적 여유가 적은 지역은 영어와 수학을 함께 가르치는 곳이나 전 과목을 다루는 종합학원을 선호한다. 서울의 강남 전 지역과 송파구, 분당구도 추천하지 않는다. 특히 분당 정자동은 학부모의 교육열이 극성에 가깝고 시험도 어려워서 강남과 별반 차이가 없다. 대부분의 학부모들이 선생을 자주 바꾸는 경향도 강하다. 물론 강남에서 성공할 수도 있다. 일단 서울대를 나오고 SKY를 많이 보낸 경력이 있다면 최소 몇천에서 몇억까지 벌 수도 있을 것이다.

하지만 어려운 경기에 강남도 예외는 아니다. 강남에서 몇억 번다는 것은 이제 옛말이 되어버렸다. 한 달에 1,000만 원 넘게 벌 수 있는 신도시가 넘쳐나는데, 굳이 까다로운 강남을 들어갈 이유가 없다.

서울에서 공부방을 열지 말아야 할 이유 5가지가 있다.

첫째, 너무 까다롭다.

둘째, 학부모들은 성적이 조금만 떨어져도 선생을 바꾼다.

셋째, 방문 과외가 셀 수 없을 정도로 많다.

넷째, 시험이 평균적으로 전국에서 제일 어렵다.

다섯째, 예전처럼 회비를 많이 받지 못한다.

학생들을 SKY에 보낼 실력이 안 된다면 서울에서 공부방을 운영하는 것을 깊이 고민해봐야 한다. 수도권이 훨씬 더 편하다. 서울에서 해야겠다면 강남보다는 덜 까다롭고, 학생 자원이 아주 풍부한 뉴타운으로 갈 것을 추천한다. 뉴타운 학부모들은 강남 학부모보다 조금 덜 까다롭다. 하지만 여기도 호락호락하지 않으니 어느 정도 각오하고 시작해야 한다.

미분양을 파악하라

신도시에서 공부방을 열 때 주의할 점은 다음과 같다.

첫째, 미분양이 얼마나 있는지 살펴봐야 한다. 평택 OO동은 소비자 선호도 상위권 브랜드 중 하나인 힐스테이트가 미분양이 30퍼센트이고, 그 앞 단지는 미분양이 50퍼센트라고 한다. '1년 살아보고 사자'는 플래카드가 걸렸을 정도로 심각하다. 김포 신도시도 미분양 아파트가 너무 많아서 신규 아파트를 1억 원씩 깎아준다고 했지만, 이미 분양을 받아서 입주한 주민들의 반대로 집을 볼 수 없는 지경이다. 수요보다 공급이 훨씬 더 많은 것이다. 이런 현상이 내년에도 계속될 전망이다.

신도시를 계획한다면 분양이 완료된 곳을 선택해야 한다. 1년 내에 모두 분양될 테니 미리 가서 선점하자는 생각은 섣부른 판단이다.

신도시 못지않게 좋은 지역은 정부기관들이 들어온 혁신도시이다. 원주, 전주, 김천, 구미, 진주, 음성 등이다. 공무원 자녀들이 많아서 경기 불황에도 다른 곳만큼 힘들지는 않다.

둘째, 신도시라도 대형 학원가가 있으면 안 된다. 학원가가 있는지 없는지는 직접 답사해봐야 알 수 있다. 인터넷 거리 뷰로 볼

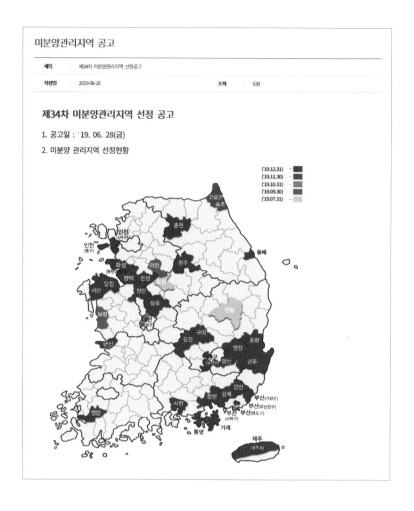

수 있지만, 1~2년 또는 몇 년 전 자료여서 현재 상황과 다를 수 있
다. 학원가에서 오픈하지 말아야 할 이유는 앞에서 이미 충분히 설
명했다.

초고령사회로 진입하는 2030년에는 학령인구가 절반으로 줄
어든다는 통계가 있지만 2030년보다 더 빠를 것이라고 예견된다.

수요는 계속 넘치고 공급은 절반으로 줄어서 학생 한 명을 사교육 시장 두세 곳에서 나눠 먹기를 해야 하는 실정이다. 하지만 초등학생이 풍부한 신도시는 그나마 오래 버틸 수 있다. 공부방을 운영하는 데 필수 조건인 학생 수, 경제적 여유, 교육열, 3가지가 충족되는 최상의 장소가 바로 신도시다.

한국고용정보원은 최근 발표한 '지방 소멸에 관한 7가지 보고서'에서 전북 도내 14개 시·군 가운데 전주시, 군산시, 익산시, 완주군을 제외한 10개 시·군이 30년 내에 사라질 가능성이 높다고 전망했다. (세계일보, 2017. 11. 11.)

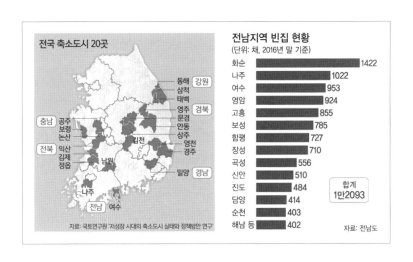

반드시 기억해야 할 예비 축소 도시(유령도시) Top 20

강원 : 동해, 삼척, 태백

충남 : 공주, 보령, 논산

경북 : 영주, 문경, 안동, 상주, 영천, 경주

경남 : 밀양

전북 : 익산, 김제, 정읍, 남원, 나주

전남 : 여수

전국 추천 신도시, 혁신도시 및 서울 뉴타운

1. 서울 뉴타운

　은평, 길음, 왕십리, 답십리, 아현, 가재울, 신길, 광명, 가락동 헬리오시티

2. 전국 추천 신도시

　경기도 : 동탄, 판교, 광교, 세종, 위례, 송도, 영종도, 청라, 검단, 하남 미사지구, 화성 향남, 화성 송산(안산시청 바로 밑), 수원 호매실, 구리 갈매, 평택 동삭2지구, 김포 구래동·장기동, 남양주 다산, 고양시 식사동·삼송·원흥

　충청도 : 배곧, 대전 관평동·도안동·대덕

　경상도 : 김해 율하, 양산, 창원 진영

　대구 : 황금동, 유가읍, 구지면, 본리동

　부산 : 명지동, 화명동, 센텀, 정관

3. 전국 추천 혁신도시

　원주, 전주, 김천, 구미, 진주, 음성

　월 매출 1,000만 원이 넘는 공부방으로 성공하려면 무조건 신도시로 가야 한다. 네이버 카페 '성공비'에서 한 달에 한두 명 정도 무료 전화 상담을 해주고 있다. 잘 모를 때는 전문가의 조언을 적극적으로 구해야 한다.

시험이 적당히
어려운 곳이 좋다

고고 비평준화 지역은 가지 마라

2010년 여름, 일산 대화동에 사는 중학교 1학년 여학생을 방문 과외로 받았다. 기본기가 없는 60점대 아이였고 속도도 느려서 한 달 수업 후 70점대로 오르는 정도였다. 속도는 느리지만 열심히 하는 아이여서 기말고사 때는 반 개를 틀리고 98점을 받았다.

그런데 그 아이가 일산에서 김포로 이사를 가게 되었다. 이전 집에서 차로 20분 정도 더 걸렸지만 거리가 멀어서 과외 마지막 시간인 밤 9시부터 10시 30분까지 수업할 수밖에 없었다. 10시가 취침 시간인 아이는 항상 수업 시간의 절반을 졸았다. 하지만 숙제는 빠뜨리지 않고 하기에 중학교 2학년 첫 시험도 내심 기대했다.

하지만 아이는 78점을 받았다. 문제를 살펴보니 일산과 달랐다. 10문제 중 9문제가 서술형이고 1문제가 논술형이었다. 그때까지만 해도 강남이나 분당에서만 모든 문제가 서술형인 시험이 있었다. 김포는 처음이라 학부모가 이해해주리라 생각했지만 반응이 예상외였다.

"이 동네는 고교 비평준화라서 성적이 제대로 안 나오면 일반 고등학교도 못 간다고 그렇게 말씀드렸는데 70점대라니오!"

"승주네 반에서도 1등 하는 아이만 80점 이상이고 70점대도 거의 없다고 해요. 문제가 일산보다 훨씬 어려운데, 그 정도면 잘 본 거예요. 이번에 출제 경향을 알았으니 더 열심히 가르쳐서 다음 시험에는 90점대로 올려놓을게요."

하지만 학부모는 냉정하게 과외를 끊어버렸다. 2014년 이후에는 네이버 카페를 통해 매주 전국의 원장님들과 강의와 미팅을 하면서 전국의 시험 난이도를 알게 되었다. 현재까지도 전국에 고교 비평준화인 곳이 꽤 많다. 김포, 평택, 남양주 별내, 덕소, 대전, 광명시 등 기존 대도시와 신도시는 물론 지방에도 셀 수 없이 많다.

전국의 비평준화 지역 학부모들은 늘 시험 점수에 민감하고, 아이의 성적이 떨어지면 대부분 가차 없이 그만둔다. 그래서 온라인과 오프라인으로 강의할 때마다 비평준화 지역이 아닌 곳들을 추천하고 있다. 비평준화 지역은 아이들을 빨리 모을 수 있지만, 고교 평준화 지역처럼 2~3년 동안 오래 가르치기 어렵다.

신도시 중에서도 고교 비평준화 지역이 아닌 곳에서 운영하는 것이 좀 더 수월하다. 그리고 우리나라에서 교육열이 가장 높은 강남 8학군에서 공부방을 하는 것보다 강북에서 하는 것이 훨씬 더 낫다. 아무리 풍족해도 너무 지나치면 오히려 부족한 것만 못하다.

너무 쉽지도, 너무 어렵지도 않은 곳으로 가야 한다. 위례나 판교처럼 '로또 청약'이라는 말이 나오지 않고, 아파트가 많이 비싸지 않은 곳들은 대부분 시험이 지나치게 어렵지는 않다.

서울, 경기 지역의 학원가는 교육열이 너무 높으니 피해야 한다. 학원들이 수백 개씩 있는 지역은 시험이 대부분 어렵다. 목동과 대치동 학원가는 시험이 너무 어려워서, 평균 1년을 등록하고 2년이면 아주 오래 다닌 것이다. 성적이 올라도 보통 1년 단위로 옮기는 학원가는 추천하지 않는다. 비평준화 지역의 학원가에서 공부방을 오픈한 원장들도 무척 힘들어한다. 따라서 신도시 중에서 평준화 지역에 공부방을 여는 것이 가장 안정적이다.

공부방을 열지 말아야 할 지역

1. 전국 학원가 지역

   ① 전국 Top 5 : 대치동, 목동, 중계동, 평촌, 일산(학원가 2개)

   　그 외 : 인천(논현동), 안산(고잔동), 부천(상동), 부평(나사렛사거리)

   ② 그 외 지역 : 대구(범어동, 시지동, 월성동), 광주(운암동), 대전(월평동)

2. 전국 비평준화 지역

   서울 : 없음(외고, 자사고, 특목고 제외)

   경기도 : 고양, 광명, 부천, 성남, 수원, 안산, 안양, 용인, 의정부, 의왕(안양
   　　　　학군), 과천(안양 학군), 군포(안양 학군) 제외

   강원도 : 원주, 춘천, 강릉 제외하고 모두 비평준화

   충청북도 : 청주 제외하고 모두 비평준화

   충청남도 : 천안 제외하고 모두 비평준화

   경상북도 : 포항 제외하고 모두 비평준화

   경상남도 : 창원, 김해, 진주 제외하고 모두 비평준화

   전라북도 : 전주, 익산, 군산 제외하고 모두 비평준화

   전라남도 : 순천, 여수, 목포 제외하고 모두 비평준화

온라인 홍보가 잘되는
곳을 찾아라

학부모들이 모이는 맘카페를 활용하라

처음에 다세대 빌라 지역에서 공부방을 열었을 때는 몇 달 동안 매주 몇 시간씩 전단지를 붙이고 다녔다. 학교 앞에서 학생들에게 물티슈, 핫팩, 부채를 비롯해 공책도 1,000권 나눠 주었다. 초등학교 졸업식 때는 운동장에서 장미꽃 500개를 나눠 주며 홍보한 적도 있다. 현수막까지 걸어보았지만 전화는 몇 통밖에 오지 않았다. 그것마저 등록으로 이어지지 않고 "생각해보고 다시 연락드릴게요"라고 끊었다.

이후에 고양시 화정과 일산 신도시의 아파트 밀집 지역으로 옮겨가서 아파트 게시판에 전단지를 붙였다. 처음에는 아이들을 많이 모았지만 전단지 광고를 자주 할수록 전화 문의가 줄어들었다. 이마트 앞에서 60만 원짜리 캐릭터 인형을 입고 일요일에 5시간 동안 홍보지와 물티슈를 나눠 주었다. 홍보물을 잘 받아가기는 했지만 전화는 딱 한 통 왔을 뿐이었고, 그것마저도 등록으로 연결되지 않았다.

온라인 홍보 방법도 있다. 블로그는 10대부터 60대까지 전 세대가 보지만 업체에 의뢰하지 않는 한 상위 노출이 힘들다. 또 블로그를 보고 연락하는 학부모는 주로 젊은 세대여서 신도시가 아니면 별 효과가 없다. 인스타그램은 20~30대 젊은 여자들이 많이 하고, 페이스북은 주로 고등학생과 대학생들이다. 카카오스토리(일명 카스)는 30대 후반에서 40대 여자들이 대부분이어서 중·고등학생을 타깃으로 홍보하기에 적합하다. 하지만 하루 종일 여기에 매달려야 하고, 그렇다고 해도 연락이 오는 것은 몇 명 되지 않는다.

정답은 아니지만 그나마 추천할 만한 온라인 홍보는 요즘 대세인 유튜브다. 유튜브는 유아부터 70대 노인까지 전 세대를 아우르는 데다 돈도 전혀 들지 않는 최고의 홍보 수단이다. (유튜브 홍보는 부록 참고)

그 어떤 것보다 강력한 온라인 홍보는 바로 포털사이트의 '맘카페'이다. 학생 모집 컨설팅을 의뢰한 원장들에게 학생 모집을 대신해 주면서 최고의 홍보 방법이 맘카페라는 것을 알게 되었다. 처음 공부방을 열었을 때 맘카페를 알았더라면 1,000명은 어렵지 않게 모았을 것이다. 맘카페를 이용한 학생 모집은 매번 대성공을 거뒀다.

인천 청라 지역의 공부방은 6시간 만에 초등부 13명 등록, 인천 교습소는 5일 만에 중·고등부 40명 등록, 청주 오창은 하루에 초등 학생 60명 접수, 경상도 창원도 하루에 70명 접수 등 연일 신기록 을 갈아치웠다.

맘카페 홍보의 장점은 매달 할 수 있다는 것이다. 초등학교, 중 학교, 고등학교 등 대상을 바꿀 수도 있고, 내신 대비, 방학특강, 파 닉스, 회화 등 콘셉트를 바꿔도 된다. 게다가 홍보비도 저렴하다. 오프라인으로 전단지를 뿌리는 비용의 10분의 1 정도인 10만 원 내외이다. 처음에는 좋은 이미지를 쌓아야 하기 때문에 재능 기부 나 무료 영어 회화 교실을 먼저 시작하는 것이 좋다.

홍보는 학생들이 아니라 학부모에게 해야 한다. 내가 살고 있 는 동네의 모든 학부모들이 모여 있는 곳이 맘카페이다. 이제 더 이상 학교 앞에서 공책과 물티슈를 나눠 주지 않아도 된다.

등록과 퇴원의 칼자루를 쥐고 있는 것은 학부모들이다. 사실상 학생들은 결정권이 없다. 구도시는 동네보다는 시 단위로 맘카페 가 있다. 하지만 신도시는 맘카페가 최소 2개 정도는 있다. 신도시 에서는 맘카페로만 홍보해도 학생이 없어서 전단지를 붙이고 다니 는 일은 없을 것이다.

★ ★ ★ ★ ★

3장

과목과 수업 타깃은 어떻게 결정하는가?

중·고등부를
꼭 해야 하는가?

초등부만으로는 돈을 벌기 어렵다

과외 경력 3년 차일 때였다. 일주일에 한 번은 좋은 교재를 찾아 영어 서점에 가는 것이 일상이었다. 자주 들르다 보니 안내 데스크를 맡고 있는 상담실장과 안면을 트게 되었고, 이따금 학생을 소개받기도 했다.

영어 서점이라 초등학생용 외국 원서들이 즐비했고, 소개받은 아이들도 대부분 초등학생들이었다. 실력과 경험이 아직 부족해서 중학교 3학년까지만 가르치고 있던 때였다. 그런데 영어 서점 앞에서 고등학교 1학년 자녀를 둔 학부모 2명이 영어 서점 실장에게 소개받았다면서 꼭 가르쳐달라고 간곡히 부탁했다.

하지만 고등학생을 한 번도 가르쳐본 적이 없었기에 시간이 되지 않는다며 자리를 피했다. 그리고 또다시 초등학교 6학년 남학생의 학부모가 문의를 했다.

"선생님, 혹시 외고와 특목고 대비 학생도 가르치시나요?"

첫아이가 중학교 2학년 여학생인데, 외고나 특목고에 진학하려고 한다는 것이었다. 그때도 외고와 특목고 대비는 교재와 커리큘럼을 준비 중이라고만 얼버무렸다. 그러자 그 학부모는 한 달 후 내가 가르치던 그 남동생도 그만두게 했다.

외고, 특목고 대비는 수능 대비반과 같다. 사실 텝스나 토익을 가르치면 되는데 경험이 없으니 지레 겁을 먹었던 것이다. 점수에 너무 연연하지 않는다면 중학생들은 충분히 텝스나 토익으로 가르칠 수 있다.

강사 3년과 과외 3년으로 총 6년의 경력이 있었지만 대부분 초등학생들과 중학생들만 가르쳤다. 더구나 대학에서 영어를 전공하지 않아 수능을 가르칠 실력은 되지 못했다. 하지만 대학교를 꼭 가야 하는 고등부 시장이 크다는 것을 깨달았다. 중학교 시험이 점점 더 어려워지면서 외고와 특목고를 대비하는 초등학생도 많았다.

내가 문법, 영작, 파닉스, 연상 단어책 등 학습서를 20권 가까이 쓰게 된 것도 고등부에 대한 두려움 때문이었다. 문법 설명은 크게 차이가 나지 않지만 어휘력이 약해서 사전들을 일일이 정리한 것이다.

나의 실력을 키워라

아이들을 가르칠 때 가장 창피한 일은 질문에 대답하지 못하는 것이다. 선생도 매일 공부해서 실력을 키워야 한다. 영어 단어는 1만 2,000개 정도는 알아야 고등부를 가르칠 수 있다. 1만 2,000 단어장과 2만 4,000 단어장 그리고 3만 6,000 단어장을 파트별, 주제별로 접두사, 접미사별로 정리해나갔다. 내가 쓴 책들은 최소 7~8년 정도 걸려서 완성된 것이다.

고등부를 가르칠 실력이 조금 부족하다면 우선 하위권만 받아서 가르쳐보는 것도 방법이다. 수업을 준비하면서 자연스럽게 고등부 자료를 정리하게 되고, 점차 실력이 늘면서 고등부에 대한 자신감이 생긴다.

고등부를 가르칠 수 있어야 외고와 특목고를 대비하는 초등 고학년과 중학교 최상위 학생들까지 가르칠 수 있다. 초등부에는 영어 실력이 최상위에 속하는 아이들이 한두 명은 있어야 평범한 아이들이 들어온다.

나는 중학생이든 고등학생이든 학년에 상관없이 레벨별로 나눠서 수업한다. 10년이 넘도록 여기에 불만을 제기한 학부모는 단한 명도 없었다. 물론 이해하지 못하는 학부모는 납득하게 만들었다. 초등은 기본반, 외고와 특목고 중등은 내신반과 수능반, 고등부는 인서울반과 SKY반으로 나눴다. 학부모들도 공부방이지만 학원 못지않게 체계적이라며 좋아했다.

초등부만으로 성공할 수 없는 3가지 이유

첫째, 경기가 어려워지면서 4~5학년부터 학원과 공부방을 보내는 경우가 많다. 1~4학년까지는 아주 저렴한 학습지나 방과 후 수업을 시킨다.

둘째, 초등부만으로 성공하려면 미취학 아동이나 저학년들이 많은 신도시로 가야 한다.

셋째, 초등부 공부방뿐만 아니라 학원, 교습소 등 사교육 시장 대부분이 프랜차이즈에 가맹해 자기주도식으로 가르친다. 초등부만으로 성공하고 싶다면 남들과 차별화된 방식을 도입하거나 회비가 30~40퍼센트 저렴해야 한다.

문제는 중등부와 고등부가 없으면 초등학생도 오지 않는다는 것이다. 예비 중등부를 가르치지 않으면 초등 고학년은 등록하지 않는다. 교육열이 높은 학원가는 초등학교 4~5학년 때 외고, 특목고를 준비하고, 수능을 공부하는 아이들도 많다. 그래서 초등부만 가르쳐서는 성공하기 힘들다.

다만 한 가지 방법은 있다. 원어민을 쓰는 것이다. 하지만 공부방에서 선생을 고용하는 것은 불법이다. 그렇다면 원장이 직접 영어로 수업하는 방법이 있다. 나는 학원가에서 '영어 수업 에세이반'을 만들었는데, 학부모들 호응이 꽤 좋았다.

원어민을 쓰지 않고 초등부만으로 성공하려면 아이들이 많은 신도시에서 회비는 30퍼센트 싸게 책정해야 한다. 그렇다고 해서 수업의 질이 낮거나 아이들 실력이 오르지 않는다면 학부모들은 가차 없이 다른 곳으로 옮긴다.

초등학교에서는 시험을 치르지 않기 때문에 읽기, 듣기, 쓰기, 말하기 4가지 영역은 물론 단어와 문법까지 다뤄줘야 한다. 게다가 수업이 재미없으면 6학년이 되었을 때 입시 전문 학원으로 가버린다. 초등 전문이라고 해도 초등 과정만 가르칠 수는 없다. 초등학교 5~6학년 상위권이나 최상위 학생들은 중·고등 과정을 미리 배우기 때문이다.

미리 겁낼 필요는 없다. 초등학생에게는 고등 과정이 어렵기 때문에 질문도 거의 없다. 그리고 수업을 준비하면서 나도 배우면 된다.

고등학교 3학년
전담 공부방의 위험

5~10년 다닐 수 있는 대상을 선택하라!

10년 전부터 학생들의 건강을 위협한다는 이유로 학원 수업을 10시까지 제한했다. 그리고 사교육을 제한하는 정책의 일환으로 고등학교 자율학습이 반강제로 진행되었다. 학교 수업이 끝나고 전교생이 남아서 10시까지 자율학습을 해야 했다.

고등학생들은 사교육을 받을 시간이 절대적으로 부족했다. 그래서 10시 이후에 불법적으로 아이들을 가르치거나 주말에만 아이들을 가르치는 곳들이 대부분이었다. 2019년 7월에는 "일요일엔 학원 '강제 휴업'… 서울시 교육청 본격 추진"이라는 기사까지 나왔다.

학원부터 제재한 다음 공부방과 방문 과외까지 제한하겠다는 것이다. 고등부 사교육의 입지는 갈수록 좁아지고 있다. 더구나 이제는 인구 절벽으로 거의 모든 대학교의 정원이 남아돈다. 특히 2020년 수능시험부터 수험생보다 대학교 입학 정원이 더 많다고 한다. 지방대일수록 폐교하거나, 통폐합을 고려하는 곳들이 늘어난다. 대학에 들어가기는 예전보다 쉬워졌다. 머지않아 서울과 지방 상위권 대학을 제외하고는 입학금만 내면 들어갈 수 있을지도 모른다.

그래서인지 고등학생들은 예전보다 10배는 공부를 안 하는 것 같다. 내신 시험은 서술형이 30~40퍼센트로 점점 어려워지고 있다. 따라서 고등부 전문 원장들의 피로감도 점점 더 쌓여만 간다.

10시 이후에 가르치는 것이 불법이긴 하지만 아직도 새벽까지 수업하는 곳들이 허다하다. 주말에는 고등부 아이들을 아침부터 계속 가르치고 저녁밥까지 먹이고 집에 돌려보낸다. 그렇다면 주말과 공휴일까지 반납하고 아이들을 가르쳐서 경제적 여건이 좋아졌을까?

1년에 최소 4개월(수능 이후 11~2월)을 쉬는 것을 감안하면 대부분의 수입은 학원 강사보다 조금 더 버는 정도다. 더구나 갑자기 고등부 아이들이 학원으로 대거 이동하는 '학생 휴거(학생 증발)' 현상도 자주 일어난다.

고등학생은 길어야 2년 6개월이다

인천에서 고등학교 3학년만 전문으로 하는 원장은 학생이 70명이었는데 7월 기말고사가 끝나고 12명밖에 남지 않았다고 한다. 서울에서 60평 아파트에서 고등부 전문으로 학원처럼 150명이나 가르쳤는데, 11월 수능시험 이후에 고등학교 1~2학년 30명만 남았다고 한다. 고등학교 3학년이 수능시험 이후에 그만두는 것은 당연하다. 하지만 그만둔 만큼 다시 들어와야 하는데, 그다음 해 3월이 되어도 고등학교 3학년들이 거의 들어오지 않는다.

고등학교 3학년은 3월부터 수능시험 전달인 10월까지 길어야 8개월밖에 다니지 않는다. 더구나 수시를 보는 아이들이 과반수를 넘는 상황이라 사실상 고등학교 3학년은 7월 기말고사가 끝나면 80~90퍼센트가 그만둔다. 결국 4개월밖에 가르칠 수 없다. 그리고 좋은 대학교를 들어갔느냐 못 들어갔느냐 하는 결과가 온전히 선생의 몫이다.

아무리 잘 가르쳐서 SKY를 많이 보낸다 해도 경기가 좋았던 2008년 이전처럼 회비를 100만~200만 원을 받을 수도 없다. 인천에서 고등학교 3학년만 받은 서울대 출신 원장이 70명을 가르칠 수 있었던 비결도 회비가 30만 원이기 때문이다. 하지만 재작년부터 예비 고등학교 3학년이 절반도 들어오지 않는다며 중학생 성적 향상 노하우를 배워 갔다.

"고등학교 3학년만 가르치다가 고등학교 1~2학년을 받는데, 5~7등급의 하위권밖에 없어서 걱정이네요. 그런 아이들을 가르쳐본 적이 없어서요. 더구나 3~4등급 아이들은 영어 성적이 오르면 수학을 배워야 한다며 그만두고요. 중학생들이 들어와서 수능시험 볼 때까지 계속 다니는 것이 좋은데, 중학생들은 한 번도 가르쳐본 적이 없어서 고민이에요."

고등학생 전문이라고 해서 고등부와 예비 고등학생인 중학교 3학년만 받아서는 승산이 없다. 학원은 한 반에 50~100명 정도 수용할 수 있으니 고등부만 전문으로 해도 된다. 하지만 공부방은 혼자 가르쳐야 하고 공간도 넓지 않아서 한꺼번에 10명 이상은 불가능하다. 그래서 고등부만 전문으로 하다가 중학생을 받는 곳이 많다.

잘되는 식당에는 단골이 많다

목동에서 고등부만 10년 이상 하다가 상계동으로 옮겨서 어학원을 하는 원장을 컨설팅한 적이 있다. 200명도 부족하다고 해서 원어민으로 2주 만에 52명을 더 모아주었는데, 결국 고등부가 너무 힘들어서 초·중등 전문으로 전환했다고 한다.

"수능 끝나고 4~5개월은 놀다시피 하니 1년 매출을 봤을 때는 크게 벌지 못해요. 주말과 공휴일도 못 쉬고 매일같이 새벽에 집에 들어가는 것에 비하면 많이 버는 게 아니에요. 지금은 초·중등부만 하니까 평일에도 일찍 끝나고 주말과 공휴일도 쉴 수 있어요."

동네 공부방은 동네 식당과 비슷하다. 식당이 잘되려면 몇 년 동안 꾸준히 찾아오는 단골손님이 많아야 한다. 공부방도 몇 년씩 계속 다니는 단골을 만들어야 한다. 1년도 채 다니지 않는 고등학교 3학년은 절대 단골손님이 될 수 없다. 길어야 2년 6개월밖에 다니지 않는 고등학교 1~2학년도 마찬가지다.

초등학교 고학년부터 고등학교 졸업할 때까지, 최소한 중학교부터 고등학교 졸업할 때까지 4~5년 동안 다니는 단골손님을 많이 확보한다면 학생 모집에 신경 쓰지 않아도 성공할 것이다.

과목이
많을수록 유리한가?

전문적인 한 과목에 집중하라

"우리 재성이 수학도 좀 가르쳐주실 수 없나요?" 60점을 한 번
도 넘지 못한 중학교 2학년 남학생이 들어왔다. 상담을 할 때 어머
니는 물론 아버지도 참석했다. 아이는 자존감이 떨어져서 잔뜩 주
눅이 들어 있었다. 역시나 다른 아이들보다 조금 느려서 한 번에
90점으로 오르지 않았다.

첫 시험은 50점대에서 60점대, 두 번째는 86점, 중학교 3학년
첫 시험에서는 2개 틀리고 92점을 받았다. 몹시 기뻐하던 아이의
얼굴이 아직도 기억난다. 그 이후에도 중학교 졸업할 때까지 90점
이하로 내려간 적이 한 번도 없었다. 재성이 어머니는 나를 신뢰한

나머지 수학까지 가르쳐달라고 했다. 처음에는 영어 한 과목만 하는 데다 아이들도 많지 않으니 충분히 할 수 있다고 생각했다. 더구나 회비도 2배를 받으니 욕심이 생겼다.

일산 학원가에서는 학부모들이 두 과목을 가르치는 것도 좋아하지 않았다. 강의 경력 5~6년 차로 중등부 시험 문제는 85퍼센트까지 정답을 찍어줄 수 있었다. 하지만 수능은 아직 1타 강사 수준으로 잘 가르치는 것은 아니었다. 결국 영어 한 과목에서 전문가가 된 다음에 수학을 가르치는 것이 낫겠다는 결론을 내렸다.

"저는 영어 전문이지 수학 전문이 아닙니다. 고등학교 때 배운 걸로 재성이를 가르친다면 첫 수학 제자가 실험 대상이 될 수도 있어요. 공부는 베테랑 선생님한테 배워야죠. 경력과 내공이 높은 수학 선생님을 찾아봐 드릴게요."

전문가로 포지셔닝하는 법

"선생님은 문과 나오셨어요? 아니면 이과 나오셨어요? 문과 나왔는데 어떻게 수학을 가르치시나요?" "이과 나왔는데 어떻게 영어를 가르칠 수 있나요?"

한 과목에서 소문이 날 정도로 실력을 인정받지 않는 한 두세 과목을 하는 것은 지양해야 한다.

"저희 동네는 엄마들이 수학도 가르쳐달라고 해서요." 이렇게 말하는 공부방 원장들이 꽤 있다. 학부모들이 원해서 시작했다 하더라도 자신에게 그만한 실력이 있는지 깊이 고민해봐야한다.

이것이 오히려 전문가로 가는 길을 방해한다. 영어와 수학 두과목을 가르치거나 초등학생의 경우 전 과목을 가르치는데도 최소 50명이 안 된다면 다시 한 번 점검해야 한다. 여러 과목을 가르치는데 학생이 많지 않다면 결단을 내려야 할 시기다. 영어 선생인내가 수학까지 가르쳤다면 수십 권의 영어 학습서를 집필하지 못했을 것이다.

프로는 하나에 집중한다

여의도에 삼계탕으로 유명한 식당이 있다. 2000년 초반부터 일요일마다 친구와 인라인을 타고, 점심은 항상 그 삼계탕집에서 먹었다. 7,000원짜리 한방 삼계탕이 너무너무 맛있을 뿐 아니라 먹고 나면 항상 기운이 나는 느낌이었다. 그곳은 삼계탕 외에 다른음식을 팔지 않는다.

"삼계탕 하나도 제대로 만들기 힘든데, 다른 음식까지 할 여력이 어딨겠어요."

수십 년 동안 오직 삼계탕 하나만 만들어온 식당 사장님의 말이다.

한 가지로 승부해도 성공하기 힘든데, 여러 과목을 혼자서 가르치는 원장들이 의외로 많다. 김밥천국에서는 수십 가지 메뉴가 있지만 가장 잘 팔리는 것은 김밥이다. 수십 가지 메뉴를 취급하는 식당은 한 가지를 전문적으로 하는 식당보다 맛있을 수가 없다. 고객들은 당연히 전문적인 곳을 좋아한다. 왜냐하면 맛있고 저렴하기 때문이다.

어느 정도 여유가 있는 학부모들은 영어와 수학 두 과목을 하는 곳은 비전문적이라고 여긴다. 수학과 영어를 둘 다 잘 가르치는 선생은 드물기 때문이다.

하지만 경제적으로 여유롭지 않은 지역에서는 싸고 매일 다니면서 여러 과목을 공부하는 곳을 선호하는 편이다. 맞벌이가 많은 다세대 빌라촌이나 주공아파트, 휴먼시아 아파트가 많은 지역이다. 동네의 특성을 보면서 과목을 늘려야 한다.

5년 동안 카페를 통해 수천 명의 원장들을 만나왔지만, 영어와 수학 두 과목이나 전 과목을 가르치면서 월 1,000만 원 이상 버는 공부방은 없었다. 그들이 힘들다고 상담을 해오면 나는 한 과목에 집중하라고 조언한다.

학부모들이 원한다고 해서 여러 과목을 하는 것은 추천하지 않는다. 한 과목만 하기 때문에 아이들이 들어오지 않는 것이 아니다. 아이들이 없는 원인은 원장에게 있다. 잘 가르치지 못하고 관리도 잘하지 못하기 때문이다. 한 달에 1,000만 원, 심지어 월 3,000만 원까지 버는 원장들이 있는데, 모두 영어든 수학이든 한 과목만 가르친다. 최고가 되기 위해서는 한 과목에 집중해야 한다.

1 : 1 수업은
조절이 중요하다

아이들이 없어도 가려서 받아라

2007년 자신감에 차서 교습소를 오픈하고 홍보했지만 아이들
이 한꺼번에 들어오지 않았다. 6개월이 지나서야 15명 정도 모였
고, 그해 겨울에 10명 이상이 한꺼번에 들어오면서 30명 가까이
되었다.

30명이라고 해도 초·중·고등부를 모두 받으니 한 반에 2~3명밖
에 되지 않았다. 다음 해 신학기가 되자 10명 조금 넘는 학생들이
이탈하고 18명 정도가 되었다. 2명인 반들이 대부분이었고, 개인
과외처럼 1 : 1로 가르쳐야 하는 아이들이 30퍼센트 정도 되었다.

이후에도 공부방, 임대 교실, 교습소, 보습학원, 어학원 그리고

다시 공부방을 했지만, 1 : 1이나 1 : 2의 빈곤의 악순환은 계속되었다.

1 : 1로 가르치다가 그 아이가 나가면 그 반은 완전히 비어버린다. 그래서 대기하거나 친구를 최소한 한 명이라도 데리고 오면 반을 열겠다고 했더니 시험이 없는 초등부 학부모들은 친구 1명 정도는 잘 데려왔다. 그런데 여기서 문제가 생겼다.

둘 다 계속 잘 다니면 괜찮은데 한 명이 개인 사정으로 그만두면 같이 온 친구도 그만두는 것이었다. 친구가 아니더라도 중학교 2학년을 1 : 1로 가르치다가 추가로 한 명 더 들어와서 같이 수업을 하면 기존 아이가 한 달 안에 그만두곤 했다. 이런 일들이 1년 내내 반복되었다.

알고 보니 이것은 자식을 키울 때와 비슷한 상황이었다. 둘째 아이가 태어나면 엄마 아빠가 보지 않을 때 첫째 아이가 둘째를 괴롭힌다. 다리를 건다든가, 머리를 친다든가, 몸을 밀치기도 한다. 사랑스러운 짓만 하던 첫째 아이가 둘째 아이가 태어난 순간부터 돌변하는 것이다. 동생이 아빠 엄마의 사랑을 빼앗아갔다고 생각하기 때문이다.

1 : 1로 가르쳤던 중학교 1학년 진호는 내 수업을 좋아하는 똑똑한 아이였다. 그런데 한 달 후 진호보다 더 똑똑한 아이가 들어와 둘을 함께 가르치게 되었다. 그러자 한 달 뒤 진호가 그만두었고, 그다음 달에는 같이 공부하던 아이도 그만두었다. 나중에 알고 보니 쉬는 시간이나 학원 수업이 끝난 뒤 새로 들어온 아이가 진호

를 괴롭히고 돈까지 빼앗았다고 한다. 학생이 없어서 일단 받고 보자는 식이었는데, 이후부터 1 : 1 수업은 고액 과외 말고는 아예 하지 않았다.

그 악순환을 끊기까지 16년이라는 세월을 현장에서 맨몸으로 부딪혀야 했다. 대부분의 공부방들이 처음에는 1 : 1이나 2 : 1로 시작한다. 학부모는 좋겠지만 이런 식의 구조는 몇 년을 해도 큰 수익을 낼 수 없다. 그룹이 아닌 1 : 1이나 2 : 1 수업은 장시간 일해야 하므로 아이를 키우고 살림을 하면서 공부방을 운영하는 원장은 몸만 피곤하고 수입은 얼마 안 된다.

학년이 아닌 과정으로 편성하라

일반적으로 경력 10년이면 초·중·고등학생을 다 가르칠 실력이 된다. 그렇다고 해서 초·중·고등학생을 모두 가르치는 것은 추천하지 않는다. 어차피 학부모들은 초등 전문, 중등 전문, 고등 전문 등으로 인식하기 때문이다.

나도 5~6년 차에 초·중·고등학생을 모두 가르쳤지만, 10년이 되어서야 전문성이 떨어진다는 것을 깨달았다. 그래서 아이들도 수업에 만족하고 많이 모을 수 있는 중학생을 메인 타깃으로 정했다. 그렇게 해서 중학생 50명 이상, 고등학교 1학년 12명, 예비 중학생인 초등학교 5~6학년 10명 이상으로 총 75명을 혼자 가르치면서 월 순이익 1,000만 원을 넘겼다.

초등, 중등, 고등학생 중에 메인 대상을 잡고 거기에 집중하는 것이 훨씬 더 경쟁력이 있고, 전문적으로 성공할 수 있다. 초등, 중등, 고등 중에 어느 쪽을 전문으로 할지는 본인이 정하는 것이다. 공부방도 식당처럼 동네 장사라 콘셉트를 한번 정하면 이사를 가기 전까지 바꾸기 힘들다.

한마디로 처음 오픈했을 때 초등으로 광고하면 초등 공부방, 수능으로 광고하면 대입 공부방, 중등으로 광고하면 중학생 내신 대비 공부방으로 각인된다. 내가 잘 가르치고 아이들과 학부모가 만족하는 대상이 어느 쪽인지 깊이 고민해봐야 한다.

초등 전문으로 가르치다가 아이들이 자라면서 자연스럽게 중등과 고등을 모두 하는 선생들도 많다. 그러다 보면 정체성과 전문성을 잃어버린다. 그렇다고 초·중·고등부 중에 하나만 받으라는 뜻이 아니다.

초등부 전문이라면 초등과 중학생까지, 고등부 전문이라면 고등부와 중학교 3학년까지, 중등부 전문이라면 초등 고학년과 고등학교 1학년까지만 받는 것이 좋다. 최대 인원은 6명으로 하고, 아이들을 학년이 아닌 레벨별로 묶어야 한다.

중등부와 고등부는 대부분 3~4명으로 구성된 그룹 과외 형태다. 그런데 아이들이 한꺼번에 들어오지 않으면 1 : 1 또는 2 : 1 수업이 되어버린다. 이렇게 되면 학생들이 30명밖에 안 되는데, 일요일도 쉬지 않고 매일 밤 12시까지 가르쳐야 한다.

나는 초등, 예비 중등, 중등 기본, 중등 외고, 특목고(중등 수능),

고등 내신, 고등 SKY 6개 반을 만들었다. 하지만 중학생이 가장 많았고, 고등 SKY는 200만 원에 1 : 1 고액 과외를 했다. 초등학생, 중학생, 고등학생이 아니라 초등, 중등, 고등 과정으로 반을 편성해서 3개 학년을 합쳐야 내 몸이 편해진다.

공부방이라 해도 그룹의 정원을 6명으로 하는 것이 좋다. 학부모들이 그룹 과외라고 인정하는 최대 숫자가 6명이다. 대신 가격은 30~40퍼센트 저렴해야 학부모들이 수용한다.

Bonus Tip

1 : 1이나 2 : 1 수업을 하지 않고, 레벨별로 5~6명 그룹을 가르치는 비법
1. 공부방 오픈 한 달 안에 20명 이상 등록하면 그룹 수업이 가능하다.
2. 신속하게 홍보해서 20명 이상을 만들어라. (부록 참고)
3. 아이들이 10명 전후라면 학년이 아니라 레벨별로 초등, 중등, 고등 과정으로 나눠야 한다. (4장 참고)

오픈 첫 달부터 20명으로 시작하는 노하우
1. 학생들이 이동하는 시기에 오픈할 것.
2. 대대적으로 홍보할 것.
3. 학생들이 넘쳐나는 곳에서 오픈할 것.
4. 학부모가 좋아하는 콘셉트와 커리큘럼을 준비할 것.
5. 회비와 수업 시간이 주변 최강일 것. (최소 30~40퍼센트 저렴하면서 주 3회)

정원은 6명에 주변보다 30~40퍼센트 싸게 하라

나는 중학생 16만 원, 고등학교 1학년 18만 원, 고등학교 2학년 20만 원을 받았다. 많은 원장들이 처음부터 저렴하게 받아서 얼마나 벌겠냐고 반문한다. 25만 원씩 4명이면 100만 원, 16만 원씩 6명이면 96만 원이다.

25만 원에 4명을 받으면 언제든 그만둘 확률이 높다. 다른 공부방과 별 차이가 없기 때문이다. 하지만 16만 원을 받으면 성적이 떨어지거나 관리가 조금 소홀해도 쉽게 옮기지 않는다. 16만 원으로 옮길 수 있는 곳은 없기 때문이다.

16만 원을 받고 가르치는 공부방은 전국에서도 몇 개 되지 않는다. 말하자면 을이 아닌 갑이 되는 전략이다. 남들보다 덜 받으면 학부모나 아이가 조금 부족하다고 느껴도 졸업할 때까지 보낼 가능성이 크다.

다른 곳보다 30~40퍼센트 싸게, 한 그룹당 6명을 받으면 1타임에 100만 원 정도 벌 수 있다. 월·수·금 3일에 5타임 가르치고 500만 원, 화·목·토 3일에 5타임 가르치면 500만 원으로 월 순수익이 1,000만 원이다.

3~4시부터 초등학생들까지 받으면 1,500만 원까지 벌 수 있다. 하지만 초등 저학년부터 고등학교 3학년까지 가르치면 집중도도 떨어지고 공부방의 전문성도 흐려진다. 대상을 2개로 정하는 것이 가장 좋다.

처음에는 학생들이 대부분 혼자 들어오기 때문에 중·고등부도 레벨별로 반을 편성하면 어느 반이든 합류할 수 있다. 정말 맞는 반이 없다 하더라도 1 : 1로 시작하지 말고 대기를 하게 하거나 친구를 한 명 더 데려오면 반을 개설해주겠다고 하는 것이 좋다.

| 수업 방식에 대한 장단점 비교 분석 |

	자기주도식	단체수업 10~20명	그룹 과외 (소수정예)	1 : 1 수업
학부모 선호도	최하(초등 제외)	3순위 (초등은 자기주도식)	2순위	1순위
학생 선호도	초등만 괜찮다. (중·고등 대부분 싫어한다.)	고등부는 상관없다. (초·중등도 학부모만 만족하면 괜찮다.)	초·중·고 모두 두 번째로 좋아한다.	제일 좋아한다.
학부모 만족도	보통	보통	좋아한다.	제일 좋아한다.
학생 만족도	보통	보통	좋아한다.	제일 좋아한다.
수업 효과	보통	보통	높은 편	제일 높다.
수업 준비 시간	초등 프랜이면 준비할 것이 거의 없다. (중·고등은 힘들다.)	내공 없으면 힘들다.	편하다.	제일 편하다. (단, 실력 없으면 무시당한다.)
수업 난이도	초등 프랜만 편하다.	(내공에 따라 달라지지만) 피곤한 편이다.	편하다.	제일 편하다.
수업 지속 기간	보통	보통	학원, 교습소보다 오래 다닌다.	제일 오래 다닌다. (단, 실력이 있고 성실 해야 한다.)

학생 이탈 속도	빠른 편	빠른 편	학원, 교습소보다 느리다.	(큰 문제 없으면) 제일 느리다.
소개 속도	보통	보통	제일 빠르다.	빠른 편
신규 학생 모집 난이도	초등만 보통, 중·고등 최고 힘들다.	초·중·고 모두 어렵다.	어렵다 (광고는 거의 효과 없고, 대부분 소개)	어렵다. (광고는 거의 효과 없고, 대부분 소개)
중·고등 시험 대비 난이도	매우 힘들다. (중·고등 자기 주도는 처음부터 일일이 다시 설명해줘야 한다.) 상위권은 편하다.	매우 힘들다.	쉬운 편	1명이라 제일 쉽다.
수익률	좋음	좋음	보통	별로 없다.
전반적 운영 난이도	편함	약간 힘들다. (특히 관리가 힘들다.) 상담 선생이 따로 있는 경우는 예외	쉬운 편	1명이라 아주 쉽다.

중·고등부도
레벨별로 나눠라

비슷한 레벨끼리 묶어라

공부방은 학원처럼 아이들이 수백 명씩 한꺼번에 수업을 듣는 것이 아니기 때문에 학년별로 상·중·하를 나눌 수 없다. 이런 경우 학부모와 아이들은 좋겠지만, 강사는 몸만 힘들 뿐 많이 벌어들일 수 없다.

최소 500만 원 이상은 벌기 위해 공부방을 연다면 그에 맞는 시간표를 짜야 한다. 초등, 중등, 고등으로 나눠 3개 학년을 집어넣고, 새로운 학생이 들어오면 그 반에 넣으면 된다.

예를 들어 반에서 1~2등을 하는 중학교 3학년으로 외고와 특목고 대비를 하다 떨어진 아이는 들어갈 반이 없어서 대부분 1 : 1 수업을 한다. 하지만 나는 고등학교 1학년 1~2등급반이나 고등학교 2~3학년 중상위반에 넣는다. 중학교 3학년 최상위반이나 고등부반도 없다면 방법은 다음 3가지다.

첫째, 그룹 과외비의 3~4배를 제시하고 1 : 1 고액 과외를 한다.
둘째, 비슷한 레벨의 같은 학년이 올 때까지 대기한다.
셋째, 친구 2명을 데려오면 반을 열어주겠다고 한다.

"그룹 과외는 최소 1명을 더 데려와야 반을 열 수 있습니다. 아니면 1 : 1 개인 과외를 해야 하는데, 비용이 100만 원이라 좀 부담스러우실 거예요."

적당한 반이 없으면 아예 받지 않아야 한다. 최상위권 아이들은 길어야 1년이고, 몇 달 하다 그만둘 확률이 95퍼센트 이상이다.

"중·고등부 아이들을 같은 반에 넣으면 엄마들이나 아이들이 싫어하지 않을까요?"

나는 등록하기 전에 미리 설명하는데, 10년 동안 문제를 제기한 경우가 없었다. 중간에 그 반이 싫다고 하면 한두 달 뒤에 새로운 반을 개설해주겠다고 약속하고, 같은 학년이 들어오면 반을 옮겨준다.

하지만 한두 달 만에 같은 학년의 비슷한 레벨의 학생이 들어오는 경우가 드물기 때문에 그 반에 계속 머물게 된다. 그럼에도 불구하고 그 학생을 가르치고 싶다면 당분간 1 : 1로 수업하다가 신규 학생이 들어오면 그룹을 만들거나, 상위 레벨로 올라가면 학부모들은 더 좋아한다.

Bonus Tip

초·중·고 레벨별 반 편성 비법

1. 과정

   초등, 예비 중등, 중등 기본, 중등 외고·특목고, 고등 내신, 고등 SKY
   (처음에는 초등, 예비 중등, 중등, 고등 4개 과정으로 시작하는 것이 편하다. 반이 많을수록 몸만 피곤하다. 아이들이 더 늘어났을 때 6개 반으로 나눠도 충분하다.)

2. 레벨별 반 편성 노하우

   1) 예비 중등 : 초등학교 4~6학년과 중학교 1학년

   2) 중등 기본 : 중학교 1~3학년과 초등학교 5~6학년 최상위권

   3) 중등 외고·특목고 : 중학교 1~3학년 최상위권, 고등학교 1~2학년 4등급 이하

   4) 고등 내신 : 중학교 3학년 상위권, 고등학교 1~2학년, 고등학교 3학년 중위권

   5) 고등 SKY : 중학교 3학년 최상위권, 고등학교 1~2학년 1~2등급

   6) 고등 3학년 : 3등급 이하는 제외하고 고등학교 3학년은 따로 묶는 것이 좋다.

   (고등학교 3학년 반은 수능 이후에 그만두기 때문에 추천하지 않는다. 고등학교 3학년은 그룹 과외비의 3~4배를 받고 1 : 1 수업을 하는 것이 좋다.)

   주의할 점

   중·고등부 하위권 아이들은 첫 두세 달은 매일 보충을 해줘야 한다. 평일에 시간이 없다면 주말이라도 완전 기초에서 중위권으로 올라갈 때까지 어느 정도 보충해줘야 학부모들이 좋아한다. 처음에는 귀찮겠지만 아이의 실력이 올라가서 수업 내용을 이해하면 오히려 가르치기 편하다.

주 2회 수업으로도
충분한가?

독점 사업이 아니면 독점 콘셉트로 승부하라

사업에서 성공할 가능성이 가장 높은 방법은 독점할 수 있는 분야를 찾는 것이다. 수십 개에서 수백 개까지 이미 공급 과잉인 공부방 사업에서 최대한 빨리 자리를 잡으려면 독점 콘셉트가 필요하다. 그 출발은 주변보다 저렴한 가격에 수업 횟수를 한 번이라도 더 늘리는 것이다.

5년 동안 전국 공부방 원장들을 수천 명가량 만나왔는데, 동네에서 잘나가는 곳은 모두 주 3회 가르치고 있다. 그것도 최소한 1시간 30분씩 가르친다. 나는 2시간씩 가르쳤다. 공부방의 90퍼센트 이상이 주 2회 1시간 30분~2시간 가르치고, 고등부도 주 2회 2~3시간 가르친다.

'주 2회이긴 하지만 시간이 길어서 괜찮아'라는 생각은 오산이다. 학부모들은 시간보다 횟수를 더 중요하게 여긴다. 선생님을 한 번이라도 더 만나는 것을 좋아한다. 그래서 주 2회 2시간보다는 30분이 적더라도 주 3회를 더 선호한다.

중학생들을 주 5회 1시간씩 가르치면서 신규 중학생이 들어오지 않는다고 하소연하는 사람들도 있다. 중학생 주 5회는 신규 아이들을 받지 않겠다는 뜻이나 마찬가지다. 대부분의 중학생들은 영어와 수학을 따로 배우는데 월·수·금이나 화·목·토, 또는 화·목밖에 시간을 낼 수 없다. 신규 학생들이 들어올 수 있는 시간표를 짜고, 학부모들이 좋아하는 주 3회 최소 1시간 30분으로 책정하면 시간이 없어서 아이들을 못 받는 일이 없다.

아이들 반 편성 노하우

공부방이라고 해서 무조건 그룹 과외만 할 필요는 없다. 사업에서는 융통성을 발휘하는 것이 무엇보다 중요하다. 사업은 항상 탄력적으로 운영해야 한다. 기본적인 시간은 정해두고 학생들의 타 과목 시간에 맞춰 탄력적으로 바꾸는 것이 좋다.

시간표는 월·수·금 또는 화·목·토가 기본이다. 하지만 아이들이 시간을 맞출 수 없다면 월·수·금, 화·목·금으로 정하라. 월·수, 화·목에는 그룹 수업을 하고 금요일에는 거실에 모두 모여서 질의응

답을 하며 자기주도 학습을 하면 된다. 그러면 시간표 때문에 등록을 못 하는 일은 없다. 토요일은 수업을 하지 않는 것이 좋다. 초등학생은 물론 중학생도 토요일 수업을 싫어한다.

한 걸음 더 나아가서 월·수·금 수업에 배정해야 하는데, 월·수·목밖에 시간이 안 되는 학생은 월·수는 정규 수업을 하고, 목요일은 아이 혼자 자기주도식으로 공부하면서 가끔씩 선생님과 질의응답을 한다. 학생이 화·수·금밖에 시간이 안 되는 경우도 이틀은 정규 수업을 하고 하루는 자기주도 학습을 한다. 여기에도 만족하지 못하는 학부모들은 토요일에 따로 보충을 해준다. 추가 비용을 받지 않고 주 4회를 해주니 좋아하는 것은 당연하다.

고등부 학부모는 주 3회를 더 좋아한다

고등부의 가장 큰 문제는 다음 3가지다.

첫째, 돈이 안 된다.

둘째, 시험 범위가 너무 많다.

셋째, 아이들이 공부하기를 싫어한다.

고등부는 난이도가 가장 높다. 시험 범위도 교과서, 외부 교재 (EBS 또는 그 외), 모의고사 지문까지 보통 3개 파트로 지문이 60~80개 정도 들어간다. 교재들마다 지문이 달라서 1년에 네 번 치르는 시험에 대비하기가 정말 힘들다. 더구나 2015년 교육 개정 이후 쓰기를 강화하라는 지침이 내려왔다.

이제는 대부분의 고등학교 지필고사에서 서술형이 40퍼센트 이상 나올 정도로 수능 절대평가 이후로 내신은 최고의 난이도를 보이고 있다. 시험 범위가 이렇게 많은 데다 서술형까지 대비해야 하는데, 평일 주 2회와 주말 수업만으로 가능할까? 더구나 고등부 아이들은 평균 90퍼센트 이상이 담배를 피울 정도로 공부에 집중할 수 없다.

나는 주 3회 수업을 기본으로 하고, 시험 한 달 전부터 토요일이나 일요일에 보충을 했다. 초등학생이나 중학생들은 숙제를 안 해 오면 부모님에게 알린다고 하면 그나마 말을 잘 듣는 편이다.

하지만 고등학생들은 이 방법이 전혀 통하지 않는다. 공부는 조금 하고 1등급은 받고 싶은 욕심쟁이들이다. 사교육을 하는 이상 고객인 학생들에게 맞춰주면서 성적을 올려줘야 한다.

중·고등학생들과 학부모들은 입시 위주 공부방을 모두 '과외' 또는 '그룹 과외'라고 생각한다. 통상적으로 과외는 주 2회 수업을 한다. 나는 사교육 시장으로 뛰어들고 5년이 지난 후부터 주 3회 수업을 했지만, 아직도 대부분의 공부방이 주 2회를 고수한다. 서술형 문제가 50퍼센트에 이를 정도로 시험은 나날이 어려워지고 있는데 말이다. 시험 한 달 전부터 주말 하루 정도 보충을 하는 경우도 많지만 아직도 대부분이 주 2회 수업이다.

"저는 주 2회 2시간씩 해요. 다른 곳들도 그렇게 하던데요."

"저는 주 2회이지만, 3시간씩 가르쳐요."

광주에서 고등부만 100명 정도 가르치는 곳이 있는데, 무조건

주 3회 수업을 한다. 그리고 시험 기간에는 주말에 보충을 해준다. 당연히 성적이 오를 수밖에 없고 학부모들도 만족한다. 대구의 공부방 원장은 야간 자율학습 때문에 주말에만 수업을 해야 하는 아이들은 토·일에 6~7시간씩 수업을 한다. 그날 배운 범위의 문제 풀이와 숙제까지 하고 집에 보낸다는 것이다. 힘들어하는 아이들은 퇴원 조치를 하고, 정말 공부하려는 아이들만 열정적으로 주말 없이 가르친다.

"요즘 고등학생들은 술 마시고, 담배 피우고, 연애하느라 공부에 전혀 흥미가 없어요. 숙제도 거의 안 해 오고요. 그러면서 1~2등급을 받고 싶어 하죠. 성적이 떨어지면 선생님 탓만 하면서 다른 곳으로 옮기고요. 10년 동안 공부방을 운영하면서 내린 결론은 어차피 숙제를 안 해 올 테니 아예 공부방에서 숙제까지 시키고 집에 보내자는 거예요. 지금은 입소문이 나서 70명을 가르치고 있고 대기자들도 많답니다."

숙제를 안 해 오면 주말에 하루 종일 공부를 시켜라

잘나가는 공부방의 고등부는 대부분 평일에 주 3회 수업을 한다. 야간 자율학습을 하는 아이들은 주말에 수업을 할 수밖에 없는데, 평일 중에 하루를 빼거나 자율학습 끝나고 잠깐이라도 수업을 한다. 야간 자율학습을 하고 집에 온 고등학생을 방문 과외로 새벽 1시까지 가르친 적이 있는데, 학생이나 선생 모두 힘들다. 공부방에서 한다 하더라도 밤늦게 학생을 집까지 바래다 줘야하고, 가족들도 불편하다. 평일에 시간을 낼 수 없는 학생들은 토·일 6~7시간씩, 주말에 12~15시간 동안 아이들을 붙잡아둔다. 당연히 공부를 싫어하는 아이들은 받지도 않고, 정말 대학에 가고 싶은 아이들만 들어오니 분위기도 좋다고 한다.

고등부만 전문적으로 가르친다면 주말 수업은 피할 수 없다. 나는 야간 자율학습을 하는 아이들은 받지 않고, 월·수·금 또는 화·목·토 저녁 8시부터 10시까지 주 3회 2시간씩 가르쳤다. 10년 전부터 학원이나 과외를 하러 간다고 하면 학교에서도 야간 자율학습을 빼준다. 그런데 고등부 아이들은 다른 과외나 학원 수강 때문에 이미 자율학습을 더 이상 뺄 수 없다. 그런 경우 수학을 주말로 옮기고 평일에 오라고 한다. 그렇지 않다면 수업을 할 수 없다고 못을 박는다.

휴일 없이 새벽까지 가르친다 해도 큰돈을 벌기는 쉽지 않다. 그래서 나는 고등부 수업을 5~6년 하고 나서 수업이나 시험 대비도 편한 중등부를 중심으로 운영하며 일요일 하루는 가족들과 시간을 보냈다.

고등부 전문 공부방은 평일 주 3회 수업, 주말은 이틀 동안 6~7시간씩 수업을 하면서 자기주도 학습에 숙제까지 다 하고 집에 보내는 것을 추천한다. 하지만 고등부 수업을 너무 오래 하면 몸이 힘들다. 나이가 들수록 초·중등 전문으로 전환하는 것이 좋다.

중등부 아이들의 등록률이
떨어지는 이유

프랜차이즈는 초등학생만 잘 가르친다고 생각한다

"아이들이 6학년만 되면 학원으로 가버려서 속상해요."

"신규 중학생들이 거의 들어오지 않아 고민이에요."

전국의 원장들을 컨설팅하다 보면 2가지 고민을 가장 많이 한다. 그런데 이들의 90퍼센트 이상이 초등 프랜차이즈를 운영하고 있다.

프랜차이즈 회사는 중학교도 충분히 가능하다고 말한다. 하지만 소비자인 학부모들의 인식은 전혀 다르다. 학부모들은 절대 호락호락하지 않다. 혼자 자기주도식으로 공부하는 프랜차이즈는 초등학교 때만 보내는 것이라는 인식이 뿌리박혀 있다. 자기주도

식으로 저렴하게 영어 공부하는 습관만 길러주고, 고학년이 되면 입시 전문 학원에 보낸다.

이미 등록할 때부터 나갈 시점을 정해놓으니, 중학교 가기 전에 그만두는 것이 당연하다. 중학생이 많은 공부방은 초등은 자기주도 수업이 중심이고, 대부분 그룹 과외 형식이면서 중·고등 입시 전문 공부방이다.

초등 프랜차이즈를 홍보하는 전단지를 1년 동안 계속 돌리면 학부모들은 초등 공부방이라고 인식한다. 한번 인식이 박히면 바꿀 수가 없다. 그러니 중학교가 아닌 고등학교 과정을 대비하는 초등학교 5~6학년 상위권 아이들은 신규로 들어오지 않는다. 소개로 상담을 하더라도 학부모의 높은 입시 커리큘럼을 충족할 수 없기 때문에 등록으로 연결되지 않는다.

입시 전문 중·고등 과외방으로 현판과 배너를 바꿔라!

프랜차이즈를 하면 학원에는 간판을 제공하고, 공부방에는 초인종 옆에 다는 현판과 세워놓는 배너, 창가에 걸어놓는 현수막을 제공한다. 하지만 이것들 때문에 오픈 1년 만에 '초등 전문'으로 인식되어 중학생은 물론 예비 중학생조차 구경하기 힘들다.

책은 표지가 중요하듯이 공부방도 간판이 중요하다. 프랜차이즈 가맹의 자기주도식이 아니라 그룹 과외로 가르친다는 것을 알려야 한다. 몇 년 동안 현관 앞에 세워놓았던 배너와 창가에 걸어놓은 낡은 현수막을 바꾸자. 엄마들이 좋아하는 '중·고등 과외방(입시 전문)'으로 바꿔라. 현판 옆에도 '입시 전문 중·고등 과외방'이라고 붙여놓으면 최소한 문 앞에서 돌아가는 일은 없을 것이다. 상담까지 받으면 거의 등록으로 이어진다.

김치찌개를 먹으러 왔는데 간판에 된장찌개 전문이라고 적어놓으면 아예 들어가지 않을 수 있다. 배너와 현판만 바꿨을 뿐인데, 등록률이 현저히 올라갔다고 하는 원장들이 많다. 공부방의 첫 이미지는 배너와 현판이 결정한다는 것을 잊지 말자.

나만의 커리큘럼을 제시하라

간판은 김치찌개 전문이라고 적혀 있는데 맛이 전혀 없다면 두 번 다시 오지 않는다. 입시 전문이라면 그에 상응하는 커리큘럼이 필요하다. (커리큘럼 짜는 방법은 5장 '학부모가 요구하는 커리큘럼을 꼭 들어줘야 하는가?' 참고). 공부방도 학원처럼 명확한 커리큘럼이 있어야 한다. 처음 학부모가 방문했을 때 커리큘럼을 제시하라.

"10년 동안 가르쳐오면서 만든 저만의 커리큘럼입니다."

그러면 흔한 공부방 원장이 아닌 입시 전문가로 본다.

"이런 것도 있어요? 다른 데는 없던데"라면서 다시 한 번 쳐다본다.

첫인상이 곧 끝 인상이다. 처음 상담할 때 등록까지 연결하느냐는 원장이 얼마나 전문가처럼 보이느냐에 달려 있다.

10년 정도 경력을 가진 원장들은 학부모를 처음 본 순간 얼마나 다닐지 알 수 있다고 한다. 나는 과외 경력 2~3년 차부터 알아채기 시작했다.

배너와 현수막을 바꾸라고 조언하면 이렇게 말하는 원장들이 있다.

"프랜차이즈 가맹인데 그래도 되나? 지사장이 알면 문제를 제기할 텐데요."

"기존 아이들과 학부모들이 이상하게 생각하지 않을까요?"

그들은 전혀 일어나지 않을 일을 미리 걱정하고 있다. 학부모들은 등록하고 1년에 한 번도 오지 않는다. 그리고 아이들은 현판이나 배너에 신경조차 쓰지 않는다. 프랜차이즈 지사장은 너무나 바쁜 사람들이어서 공부방을 방문할 시간이 없다. 오히려 원장에게 사무실로 오라고 한다.

배너와 현판을 바꾸기가 망설여진다면 하나 더 달면 된다. 5년 동안 수천 명의 원장들을 컨설팅했는데, 지사장이 문제 제기를 했다는 사례는 없었다. 지사장들은 배너와 현판에 신경 쓰지 않는다. 그들이 신경 쓰는 것은 공부방에서 교재를 매달 몇 권을 쓰고 있으며, 신규 학생은 몇 명이 들어왔느냐 하는 것이다.

신규 중학생을 받으려면 학부모들에게 입시 전문이라는 인식을 심어주어야 한다. 그 출발점은 현판과 배너 그리고 중·고등 커리큘럼이다.

★ ★ ★ ★ ★

4장

절대
이탈하지 않는
수업 관리
노하우

성적이 오르는 것만으로
학생이 늘어나지 않는다

기대 이상의 결과는 더 큰 기대를 하게 만든다

2007년 유난히 무더웠던 여름이 끝나갈 즈음 민호라는 중학교 1학년 남학생이 들어왔다. 민호 엄마도 다른 학부모와 마찬가지로 아이 성적이 걱정이었다. 본인이 수학 선생님이라 수학은 직접 가르치는데, 영어는 성적이 계속 오르지 않아 광고지를 보고 찾아왔다고 했다. 교육 개정 전인 2009년에는 영어 시험에서 주관식(빈칸 채우기) 3문제가 제일 어려웠다.

학원가에서 원장 경력은 1년 차였지만 강사와 입시 과외 경력이 많아서 아이들 성적을 올려주는 것은 문제없었다. 60~70점을 받던 민호는 2학기 중간고사와 기말고사를 연속으로 90점을 넘겼다. 기말고사에서는 1문제밖에 틀리지 않았다. 그런데 학부모에게 "선생님, 우리 민호는 종합학원에 가야 할 것 같습니다. 그동안 수고하셨습니다"라는 문자가 왔다. 아이와 학부모 모두 나를 좋아하고 성적도 올라서 졸업할 때까지 보낸다고 했는데 말이다.

그다음 여름에는 똘망똘망한 두식이가 들어왔다. 대형 종합학원 과학고 대비반에서 영어만 빼고 모두 100점을 받았다는 두식이는 한눈에 봐도 굉장히 머리가 좋아 보였다. 아이의 영어 성적이 60점대여서 1 : 1 과외를 붙였는데 겨우 10점밖에 오르지 않았다는 것이었다. 두식이 어머니는 아이의 성적을 올려주겠다는 말을 믿지 못하겠다고 했다.

"점수가 오르지 않으면 회비를 받지 않습니다. 두 달 후 중간고사에서 90점 이상 받으면 그때 회비를 주세요. 10년 동안 해왔던 일이고, 시험 문제 적중률은 87퍼센트입니다. 공부를 전혀 하지 않고 시험 전날 제가 찍어준 정답만 외워도 87점을 받을 수 있습니다. 일단 보내시고, 회비는 검증된 후에 주세요."

"그렇게 해주시면 너무나 감사하죠. 원장님께서 말씀하신 대로 90점 넘게 나오면 회비는 물론 고등학교 졸업할 때까지 보낼게요."

두식이 어머니는 나중에 주겠다고 했지만 2주일 뒤에 회비를 입금했다. 그리고 두 달 후 두식이는 중간고사에서 2문제 틀리고 94점, 기말고사에서 1문제 틀리고 97점을 받았다. 그런데 어이없게도 수학에 치중해야 한다며 종합학원으로 가버렸다. 두 달 만에 수십 점을 올려줬는데도 말이다.

60점대의 중학교 2학년을 세 차례 시험 만에 100점을 두 번이나 맞게 해줬는데도 대형학원으로 옮겼다. 50점대의 중학교 3학년을 한 달 만에 2문제 틀리고 93점을 맞게 해줬는데도 6개월 뒤 대형학원으로 가버렸다. 100점을 맞게 해줬는데도 그만두는 이유는 무엇일까? 10년 차가 되기 전까지 도저히 풀리지 않는 수수께끼였다.

성적이 한두 달 만에 수십 점이 올랐는데도 그만두는 아이들은 중학생들만이 아니었다. 고등학교 1학년 2명을 한두 달 사이에 각각 98점, 96점으로 올려주고, 4등급을 받던 아이는 8회 수업 후에 94.5점을 받았다. 하지만 역시나 한두 달 만에 '수학을 하러 간다', '혼자 해보겠다'는 핑계를 대고 그만두었다.

"선생님, 수능 볼 때까지 중간에 그만두시면 안 돼요"라고 신신당부하던 학부모와 아이들이었다. 아이나 학부모에게 그만두는 이유가 뭔지 물어봐도 돌아오는 것은 묵묵부답이었다.

이렇게 단기간에 성적을 올려주면 그만두는 경우가 비일비재하다. 성적이 급상승할수록 학생들이 이탈하는 것이다. 부산의 한 원장은 30~40점대를 받는 중학교 3학년 여학생을 겨울방학 때 추가 비용을 받지 않고 1 : 1 과외처럼 열심히 가르쳐서 고등학교 1학년 첫 시험에서 1등급을 받게 해주었지만 곧바로 입시학원으로 옮겨버렸다고 했다.

광주의 원장은 40점대에서 헤매던 중학교 1학년을 한 달 만에 2문제 틀리고 93점을 받게 해줬는데도 그만두었다고 한다. 강원도의 원장은 전교 10등 안에 들지 못하는 고등학교 1학년 1등급 아이를 1년 동안 새벽까지 자료를 만들어주고 1 : 1로 가르쳐서 영어 100점을 받고 전교 1등을 하게 해주었는데도, 선생님이랑 맞지 않는다는 문자를 받았다고 한다.

한 번에 성적을 많이 올려주지 마라

그날도 중학교 3학년 남학생 2명이 기말고사에서 각각 100점과 97점을 받고 그만두겠다는 문자를 받았다. 이미 일상이 되어 그러려니 하고 있는데, 문득 이런 생각이 들었다.

'지금까지 단기간에 성적이 오른 아이들은 90퍼센트 이상 다 그만뒀지. 그런데 1~2년에 걸쳐 성적이 조금씩 올라간 아이들은 졸업할 때까지 다녔어. 답은 바로 여기에 있는 것이야.'

10년 동안 아이들을 수백 명씩 떠나보내면서 깨닫게 되었다. 이후부터는 성적을 한 번에 올려주지 않았다. 1~2년에 걸쳐서 올려주겠다고 하면서 성적을 찍어놓고 상담했다. 10~20점대 아이들은 1년 후에 무조건 80점 이상, 40점대 전후 아이들은 1년 뒤에 무조건 90점 이상 받게 해주겠다고 호언장담을 하고, 그 점수가 나오지 않으면 1년치 회비를 전부 돌려주겠다고 했다. 학부모들은 이전보다 나를 더 신뢰했고, 아이들은 기본적으로 4~5년 정도 나와 함께 공부했다. 1~2년에 걸쳐서 하위권 아이들을 상위권에 올려놓은 다음 이렇게 말했다.

"이제 실력이 충분히 쌓였으니 혼자 공부해도 계속 90점 이상 받을 거야."

하지만 점수가 바로 내려갈까 봐 두려운 아이들은 그만두지 못했다. 성적이 올라간 이후에 그만두는 아이들은 100명 중 한두 명밖에 없었다.

동화 〈선녀와 나무꾼〉처럼 선녀에게 미리 옷을 주면 두 아이를 안고 하늘나라로 떠나버린다. 아이들의 성적은 천천히 올려주는 것이다. 너무 빨리 올려주면 자기 아이가 천재인 줄 알고 더 큰 학원으로 보낸다. 더 이상 실력이 올라가지 않는다 하더라도 내 공부방에 다시 돌아오지는 않는다.

애초부터 성적 급상승이라는 기대 이상의 결과를 보여주지 않는 것이 좋다. 공부방은 아이가 오래 다녀야 이득이 된다. 그런 점에서 성적과 실력을 천천히 올려주어야 한다. 그렇다고 실력이나 성적을 올려주지 말라는 것이 아니다. 어느 정도만 올려줘도 학부모와 아이들은 만족한다.

	최상위권 (100점)	상위권 (90점대)	중상위 (80점대)	중간 (60~ 70점대)	중·하위 (40~ 60점대)	최하위 (영포자, 30점 이하)
수업 난이도	많이 어렵다. (어려운 문제로 선생 테스트를 많이 한다.)	쉽거나 어렵다. (내공이 세면 쉽고, 내공이 없으면 어렵다.)	쉬운 편 (다 알아 듣는다.)	많이 쉽다. (웬만큼 알아 듣는다.)	어려운 편 (거의 모른다.)	최고 난이도 (아는 것 전혀 없고, 초3 실력 정도) 선생이 내공 있으면 너무 쉽다.
숙제율	상	중상	중상	중상~중간	중~하	하~상 (극과 극, 숙제 안 하는 아이들 많다.)
성적 올리기	어렵다. (시험에서 1문제 틀리는 아이들은 100점이 목표)	어렵다. (100점이 목표)	보통	쉬운 편	많이 쉽다.	제일 쉽다.
진짜 실력	상위권 (아주 가끔씩 최상위)	대부분 중간 정도	중간이나 그 이하	중간 이하	거의 최하위	아예 없다.
까다 로운 정도	엄청 까다롭다. (특히 여학생)	까다롭다. (특히 여학생)	약간 까다롭다. (특히 여학생)	반반	대부분 착하다.	아주 착하다.
수업 지속 기간	제일 짧다. 3~6개월	짧은 편 6개월~1년	1년 전후	1~2년	2~4년	졸업할 때까지 다닌다.
학생 모집 난이도	제일 어렵다.	어렵다.	약간 어렵다.	쉽다.	아주 쉽다.	제일 쉽거나 어렵다.

학생 모집 속도	제일 느리다.	느리다.	느린 편	빠른 편	아주 빠르다.	반반
학생 소개	소개 없다. (소개해도 하위권)	거의 없다.	가끔	보통이나 그 이상	많다.	가장 많다.
그만두는 속도	제일 빠르다.	많이 빠르다.	빠른 편	보통	많이 느리다. (단, 성적이 계속 안 오르면 그만둔다.)	졸업할 때까지 다닌다. (평생 60점 받아본 적 없는 아이들)
쉬는 날	휴일 쉬는 거 싫어한다. 크리스마스에 수업하는 것도 좋아한다.(단, 부모들만.)	휴일 수업 상관 없다.	휴일 수업 상관없다 (가끔 싫어한다.)	휴일 수업 싫어한다.	보통(반반) 토요일까지 어느 정도 괜찮다.	부르면 무조건 나오고, 쉬라고 하면 무조건 쉰다. (웬만하면 일요일은 부르지 않는다.)

방학특강은
무료 서비스

학부모의 니즈를 파악하라

"공부방인데 굳이 특강이 필요한가요?"

"특강을 한 번도 안 해봤는데, 어떻게 하는 건가요?"

"이번 여름방학 때 단어특강을 하면서 학부모들에게 10만 원을 청구하려는데 괜찮겠죠?"

"시험 때마다 주말이나 평일에 하루 이틀 더 무료로 보충해줘야 하나요? 아니면 수업료를 더 받아야 하나요?"

"정규 수업 외에 따로 시간을 내서 특강을 해주는 건데 수업료를 따로 받아야 하는 것 아닌가요?"

학원만 오픈하면 아이들이 들어오려고 줄을 서던 시절이 있었다. 2000년 이전에는 학생들이 넘쳐나 학원장이 '갑'이었고 학부모는 '을'이었다. 당연히 보충도 거의 없었고, 보충이 필요한 경우 수강료를 더 받았다. 독해특강, 단어특강, 문법특강, 듣기특강 등 방학 때마다 특강은 일주일 만에 마감했다.

심지어 발음특강과 같이 생소한 특강도 꽤 많았고, 비용도 기존 회비보다 더 받곤 했다. 나도 중학교 1학년에게 방학특강으로 중등 문법 전 과정을 해준 적도 많았다. 물론 기존 회비의 1.5배를 더 받았다.

하지만 2000년 이후부터 신도시들마다 학원가가 형성되기 시작했다. 학원들이 수백 개씩 우후죽순 생겨나면서 경쟁이 치열하다 보니 보충수업을 무료로 해주기 시작했다. 그리고 2008년 금융 위기 이후 경기가 악화되면서 전국적으로 공부방과 방과 후 수업이 셀 수 없을 정도로 늘어났다. 경력 단절 전업주부들이 자녀를 돌보면서 집에서 돈을 벌 수 있는 공부방들도 많이 생겨났다.

방과 후 수업과 공부방으로 학생들이 이탈하자 방학 때 무료 특강을 해주는 학원도 있었다. 이런 학원은 기본 100명 이상 가르치고, 사업가의 열린 마인드로 운영한다. 모든 학원들이 힘든 시기에도 몇몇 학원들은 잘나갔다. 이들은 고객인 학부모와 학생의 니즈(needs)를 파악해서 서비스를 제공하기 때문이다.

이제 학원의 불경기는 공부방의 불경기로 넘어오고 있다. 아파트 1,000세대당 30~40개의 공부방이 포진되어 있다. 3,000세대의 아파트 단지라면 평균 100개의 공부방이 있다. 이런 상황에서 살아남으려면, 불경기에도 잘되는 몇몇 학원들처럼 최소한의 서비스 마인드를 가져야 한다. 전국 원장들의 노하우를 공유하는 네이버 카페 '성공비'를 만들고 3개월이 지났을 때였다. 인천의 한 원장이 특강을 아주 저렴하게 한다고 했다.

"그 정도 받아서 학원이 유지되나요? 절반도 안 받는 건 너무 파격적이지 않나요? 남는 것도 없을 텐데요."

"어차피 아이들도 별로 없어서 교실도 남아도는데, 그냥 서비스 차원에서 기존 아이들만 아주 저렴하게 해주려고요."

이처럼 사업가 마인드로 운영하는 공부방은 불경기에도 승승장구한다.

공부방 사업에도 서비스는 필수다

"저는 피아노 학과를 나와서 무조건 엄마들과 학생들에게 맞춰주는 편이에요. 보충은 기본이고요. 회비를 30~40퍼센트나 깎아달라는 어머니들도 있어요. 얼마나 형편이 어려우면 그럴까 싶어서 수업 끝나고 아이들을 식당에 데려가서 밥을 사 먹이기도 해요. 공부를 열심히 하는 아이들하고 함께 영화를 보거나 패밀리 레스토랑에도 가고요. 친구를 데리고 온 아이는 문화상품권과 아이돌 그룹 콘서트 티켓도 2~3장 주고 있어요. 보충이나 특강은 당연히 무료이고, 책값도 안 받아요. 처음에는 책값을 따로 받았는데, 엄마들이 좋아하지 않더라고요. 성적 향상은 기본이고, 학생들과 학부모들에게 잘해 주려고 노력해요. 그래야 소개도 해주고, 4~5년씩 다닐 테니까요. 돈 벌려고 시작한 건데 장기적으로 이득이 되어야 하지 않겠어요?"

수원에서 공부방을 하는 이 원장은 학생 수가 100명 이상이고, 매달 대기자도 20명 정도 된다. 그 동네에서 자칭 '넘버2'라고 한다. 나도 경기가 좋을 때는 특강비로 한 달 회비나 1.5배를 받았지만, 2008년 이후로는 10만 원 정도 받았다.

하지만 그마저도 학부모들이 버거워하면서 학생 이탈로 이어졌다. 큰맘 먹고 기존 학생들은 특강을 무료로 해주었더니 학부모들이 고마워하면서 졸업할 때까지 그만두지 않았다. 그때 이후로 특강은 항상 무료로 해주었다. 방학 때마다 몸이 힘들었지만 아이들이 몇 년씩 더 다니면 결과적으로 매출이 늘어나 마음은 항상 즐거웠다.

공부방도 사업이고, 이윤을 남기려면 최소한의 서비스는 필수이다. 대부분의 공부방 선생님들은 아이들만 잘 관리하면 된다고 생각하고 간식을 잘 사준다. 하지만 수업을 계속 듣느냐 마느냐는 학부모의 결정에 달렸다. 학부모에게도 서비스를 제공해야 한다.

시험 기간마다 해주는 보충수업은 누구나 하는 것이다. 특별한 서비스가 아니다. 학부모들이 좋아하면서 남들이 하지 않는 서비스를 제공해야 한다. 그중 하나가 방학특강을 무료로 해주는 것이다.

대학교 때부터 20년 동안 단골로 가는 종로2가 뒷골목의 주점이 있다. 삼청동에 살 때는 동창들을 만날 때마다 이 주점만 갔다. 오랜 단골인 내가 가면 친근하게 대해주면서 서비스 안주를 하나 이상 내온다. 잊지 않고 찾아줘서 고맙다는 표시로 하나라도 더 챙겨주면 계속 갈 수밖에 없다. 공부방도 꾸준히 찾게 하는 서비스가 필요하다. 방학 때마다 무료 특강을 해보자. 그야말로 놀라운 결과를 얻게 될 것이다.

Bonus Tip

중·고등 레벨별 독해집 만드는 특급 노하우
1. 서점에 가서 중학교 독해집을 모두 산다.
2. 아이의 학년보다 한 학년 아래 레벨을 풀게 한다. (시작은 항상 쉽게 출발한다.)
3. 지문을 읽고 답을 적기까지 1분이 걸리지 않는 지문들만 선정한다.
   (보통 30~40초 걸리면 그 아이의 수준에 맞는 것이다.)
4. 한 레벨당 300~400개의 지문을 짜깁기해서 최소 1,200개의 지문을 만든다.
   (지문은 많을수록 좋다. 수능 연습용으로 고등학교 1학년에 1등급이 되기 위한 중등 과정 레벨별 4,000~5,000 지문을 준비하면 더 좋다.)
5. 최소 1,200개 지문을 풀고 나면 바로 고등학교 1학년 모의고사 지문으로 테스트한다.
   (80점 이상 안 나오면 1,200개 지문을 다시 푼다.)
6. 독해집을 풀면서 1년 안에 문법과 단어는 고등학교 1학년 실력까지 올려놔야 한다.
   (독해 숙제를 내줄 때 반드시 주의할 점은 독해집에 나오는 모르는 단어는 모두 암기하게 하는 것이다. 그렇지 않으면 절반의 효과밖에 거두지 못한다.)

시험 때마다 보충을 해줘야 하는가?

최소한 남들만큼은 해줘라

2017년 가을, 매달 열리는 학생 모집 오프라인 강의 때였다. 대전에서 공부방을 차리려는 30대 현직 강사가 뒤풀이 자리에서 이런 말을 했다.

"저희 학원 원장님은 잘 가르치지도 못하고, 아이들 숙제 관리도 허술하고, 학부모들에게 상담 전화도 제대로 안 하는데, 학생들이 200명이 넘어요. 그 이유가 뭘까요? 제 아이는 그 학원에 안 보낼 것 같은데 말이에요."

"200명 이상 가르친다면 다른 곳과 차별화된 뭔가가 분명 있을 거예요."

"생각해보니 강의 때 하신 말씀이 맞는 것 같아요. 그 학원은 다른 곳보다 더 저렴하면서 시험 기간에는 평일은 물론 토요일과 일요일도 하루 종일 붙잡고 있어요. 주말에도 아침부터 학원에 와서 점심, 저녁까지 먹고 집에 가거든요. 거의 10시간 정도 있는 것 같아요. 시험 한 달 전에는 학교 끝나고 학원 문 닫을 때까지 공부시키고, 주말에도 하루 종일 학원에서 공부를 시켜요. 그 동네 엄마들 사이에서는 '중학교 들어가면 이 학원에 보내야 한다'는 인식이 강하더라고요."

그러면서 그 강사가 덧붙였다.

"하지만 실상은 학원에서 아이들이 공부를 그렇게 많이 하지는 않아요. 시간만 많이 붙잡아둘 뿐이에요. 공부는 양보다 질인데, 여기는 질보다 양인 거죠. 저도 올해 말이나 내년에 공부방을 오픈할 예정이에요. 그 원장님의 방식은 아닌 거 같은데, 아이들이 많이 들어오는 것을 보면 조금 헷갈리네요."

나는 이렇게 대답해주었다.

"동네마다 조금 다른데, 대전이라서 가능한지도 몰라요. 서울이나 일산의 학원가에서는 그 방법이 안 통해요. 양과 질을 모두 충족해야 학부모들이 좋아합니다. 아무리 아이들을 오래 붙잡아둔다 해도 선생님이나 원장의 실력이 뛰어나지 않거나, 아무리 잘 가르쳐도 시험 때 보충을 해주지 않으면 그만둡니다. 학생들을 가르치고 관리하기가 쉬운 일이 아니에요. 잘 가르치면서 관리도 잘해 주고, 결정적으로 시험 때마다 보충을 해줘야 오래 다닙니다.

저도 처음에는 시험 때마다 보충을 해주지는 않았는데, 다른 곳에서는 시험 때마다 보충해줬다면서 그만두더라고요."

나의 조언은 계속 이어졌다.

"전국의 수많은 학부모들이 학원이나 공부방에 오래 있으면 그만큼 공부를 하는 거라고 생각해요. 시험 기간에 아이들이 집에서 쉬는 모습을 못 보겠다는 거죠. 옆집 아이는 주말 내내 학원에서 공부한다면서 비교해요. 학부모 중에는 잘 가르치지는 못해도 오랜 시간 붙잡아두는 다른 공부방으로 옮기더라고요. 그 공부방이 우리 공부방보다 아이들이 2배 더 많았어요. 이후로 저도 보충을 많이 해주고 어느 정도 따라잡았죠."

자존심을 2퍼센트만 내려놓자

하루에 담배를 세 갑이나 피우는 중학교 3학년 남자아이가 있었다. 초등학교 때 그 아이한테 안 맞은 학생이 없을 정도로 유명한 아이였다. 영어는 30점을 넘어본 적이 없다고 했다. 내 수업을 들은 지 네 달이 지났을 때 두 번째 시험에서 내가 찍어준 논술형 10점짜리 문제를 맞히고 영어를 70점 받게 되었다. 담임 선생님은 당장 아이를 불러서 물었다.

"똑바로 말해! 누구 것 베꼈어?"

"제가 다 푼 건데요."

"거짓말할래? 내가 작년 2학년 때 네 담임이었어. 내가 네 실력을 모르겠니?"

"아니에요! 몇 달 전부터 1 : 1 과외를 하고 있단 말이에요!"

"이 녀석, 끝까지 거짓말할 거야? 그럼 같은 시험지 새로 줄 테니 어디 한번 풀어봐!"

아이는 선생님이 보는 앞에서 논술형 문제를 줄줄 써 내려갔다. 그날 방과 후에 담임 선생님이 미안하다면 햄버거를 사 주었다고 한다.

하루는 시험이 얼마 남지 않아 주 3회에서 한 번을 더 하자고 했는데, 수학 보충 때문에 힘들다고 했다. 그래서 수학은 몇 점 나오냐고 물어보니, 40점을 넘은 적이 없다고 했다. 시험 기간에는 주 2회 수업에 보충을 주 2~3회 더 한다고 했다. 그래서 점수가 오르지 않는데도 엄마는 왜 수학 과외 선생님을 바꾸지 않느냐고 물어보았다.

"수학 과외를 끊으면 집을 나가버리겠다고 했어요."

"그럼 그 공부방에 가서 수학 공부를 하긴 하는 거니? 2년 동안 배웠다면 못해도 60점은 넘어야 하는데, 이해할 수 없구나."

"거기가 저한테는 피난처이자 휴게소예요. 30분 수업하고, 1시간은 자고, 30분은 게임하고 와요. 숙제는 당연히 안 하고요. 숙제 내주면 그만둔다고 하니까 안 내주던데요. 저도 숨 쉴 공간이 필요하잖아요."

아이 엄마에게 이야기했더니 이런 대답이 돌아왔다.

"예전에는 하루가 멀다 하고 철민이한테 맞은 아이 부모님을 찾아가서 사죄했어요. 싸움에, 담배에, 술에, 거의 통제가 불가능했죠. 지금은 많이 좋아진 거예요. 공부방에서 공부 안 하는 거 왜 모르겠어요. 아이 성적보다 선생님이랑 같이 있으면 최소한 그 시간만큼은 나쁜 짓 못 하니까 보내는 거예요."

대부분의 아이들은 성적 때문에 공부방에 온다. 하지만 어떤 아이들은 나쁜 친구들과 어울려서 탈선할까 봐, 또는 집에 아무도 없어서 돌보미 성격으로 보충을 원하는 학부모들도 있다.

남들 다 해주는 평일이나 주말 보충을 안 해주면 엄마들은 기분이 상해서 옆집 공부방으로 옮긴다. 조금 귀찮더라도 남들처럼 시험 한 달 전부터 매일 보충을 해줘야 아이들이 더 오래 다닌다.

수학 선생님이 철민이를 주 2회만 부르고, 시험 기간마다 주 3회 더 불러서 보충해주지 않았다면 진작에 그만뒀을 것이다. 아이가 공부를 제대로 하는지는 둘째 문제이다. 때로는 고객인 학부모 입장에서 생각해야 한다.

단어 암기는
계속해야 하는가?

더 이상 단어 암기를 시키지 마라

"단어를 안 외우면 안 돼요?"

"선생님, 단어 안 외웠는데, 안 남으면 안 돼요?"

"선생님, 본문이 잘 안 외워져요."

"본문 안 외우고 문제만 풀면 안 돼요?"

1988년에 나는 고등학교 1학년이었다. 학교와 학원을 오가는 버스 안에서, 그리고 길을 걸어가면서도 단어를 외웠다. 모르는 단어가 나오면 사전을 찾아가면서 하루에 2~3시간씩 단어를 외웠다. 무조건 단어를 외워야 한다고 생각하던 시절이었다. 12년이 흐른 뒤 나는 영어 강사가 되었고, 어느새 나도 학창 시절의 영어 선생님처럼 주입식 강의를 하고 있었다.

"단어 안 외웠으니까 남아서 10번씩 써야 집에 보내줄 거야."
"본문 아직 못 외웠어? 본문 암기 안 해 왔으니까 남아서 본문 다섯
번씩 써야 해!"

내가 중·고등학교에 다니던 시절에는 체벌이 허용되었다. 숙제
를 안 해 가면 매를 맞았고, 심지어는 수업 시간에 선생님의 질문
에 대답을 못 해도 맞았다. 맞으면서 크다 보니 내가 선생이 되어
서도 체벌을 당연하게 여겼다.

체벌이 금지된 이후에는 숙제를 안 해 오면 남아서 틀린 단어나
외우지 않은 단어를 5~10번씩 쓰게 했다. 본문을 하얀 종이에 새
까맣게 쓰는 일명 '깜지'를 하는 것이다. 시험 2~3주 전 평소와 같
이 숙제를 해 오지 않은 아이들에게 '깜지'를 쓰게 했다.

1시간 안에 할 수 없는 분량이었지만, 시험 대비를 위해서는 어
쩔 수 없었다. 하지만 수업 후 다른 교실에서 '깜지'를 써야 하는 아
이들은 자거나, 핸드폰 게임을 하거나, 멍 때리는 등 아무런 효과
도 없었다.

외우지 않은 단어 50개를 10번씩 쓰라고 하면 같은 철자를 가
로가 아니 세로로 10번씩 정신없이 그리고 있었다. 'conscious'(의
식 있는)를 10번 쓰라고 하면 영어 단어와 뜻을 가로로 써야 하는데,
빨리 쓰고 집에 가려고 'c'를 10번 세로로 쓴 다음에 'o'를 10번 세
로로 쓰는 식이었다.

이때 문득 학창 시절에 수많은 시간 동안 단어를 외웠고, 군대

병장 말년에 토익 시험을 보기 위해 하루 5시간씩 수천 단어를 외웠지만 제대 후 일주일 만에 다 까먹었던 기억이 떠올랐다.

정답은 읽기다

단어를 쉽게 암기할 수 있는 획기적인 방법이 필요했다. 그래서 몇 주 동안 고민 끝에 이런 생각을 했다. '구구단처럼 단어도 읽기를 해볼까? 어차피 외우지도 않고, 남아서 쓰라고 해도 말을 안 들으니까, 편하게 읽으라고 해보자!'

먼저 말을 잘 듣는 학생들 몇 명부터 녹음을 해보았다. 결과는 정말 놀라웠다. 단어를 외우기 싫어하거나, 단어 암기가 느린 아이들 몇 명에게 단어와 뜻을 수십 수백 번 읽게 했더니 2주일 만에 100개 중에 10개 이상 틀린 아이가 한 명도 없었다.

이후에 내가 가르치는 모든 중·고등학생에게 단어 암기 대신 단어 읽기를 시켰고, 그 결과 단어 암기 때문에 스트레스를 받는 아이들이 없게 되었다.

공부방에 남아서 하는 것을 싫어하는 아이들은 mp3나 핸드폰에 단어를 녹음해 오라고 했다. 단어 학습에 대해 사막에서 오아시스를 만난 것 같았다.

녹음을 해 오라고 하면 쓰기나 암기에 비해 10배 더 효과적이다. 속도는 10배 빠르고, 구구단처럼 입에 붙어서 자동적으로 나온다. 캐나다 워털루 대학의 심리학 교수 콜린 매클라우드 팀의 연구 결과에 따르면 "소리 내서 읽으면 더 잘 기억된다"고 한다.

"소리를 내서 읽으면 읽은 내용이 더 잘 기억된다는 연구 결과가
나왔다. 캐나다 워털루 대학의 콜린 매클라우드 심리학 교수 연
구팀이 95명을 대상으로 진행한 실험 결과 이 같은 사실이 밝혀
졌다고 〈헬스데이 뉴스〉가 25일 보도했다. 연구팀은 이들에게
글로 쓰인 정보를 소리 없이 읽기, 남이 읽어주는 것을 듣기, 자신
이 읽고 녹음한 것을 듣기, 직접 소리 내어 읽기 등 4가지 방법을
통해 내용을 얼마나 잘 기억하는지를 테스트했다. 결과는 직접
소리 내어 읽는 것이 기억 효과가 가장 큰 것으로 나타났다고 매
클라우드 교수는 밝혔다. 이는 학습과 기억은 스스로의 적극적인
개입이 있어야 효과적으로 이루어진다는 사실을 확인하는 것이
라고 그는 설명했다. 어떤 단어에 행동적 요소가 가해지면 장기
기억에 보다 뚜렷이 저장된다는 것이다. 매클라우드 교수는 앞서
글을 쓰거나 타이핑하는 것이 그 글에 대한 기억을 향상시키는
데 도움이 된다는 연구 결과를 발표한 일이 있다. 이 연구 결과는
과학 전문지 〈메모리(Memory)〉 최신호에 발표됐다."

- 연합뉴스(2017. 12. 26.)

암기의 고통에서 해방되다

고민은 하나 더 남아 있었다. 교과서 본문을 외워야 하는 문제였다. 본문의 어법이나 빈칸에 알맞은 단어 찾기, 문장 배열, 문단 배열, 문장 삽입, 문단 삽입 등 본문을 무조건 외워야 하는 문제들이 많았기 때문이다. '단어는 금방 효과를 보이는데, 교과서도 읽게 하면 단어처럼 술술 외워질까?' 절반이라도 효과를 거두면 된다는 생각으로 교과서 본문을 읽고 녹음해 오라고 했더니, 시험에서 놀라운 결과가 나타났다.

'album(앨범)'을 '알붐'이라고 읽었던 20~30점대 하위권 중학교 2학년 아이가 50점을 받았고, 파닉스도 안 되던 중학교 3학년의 10점대 최하위권 남학생이 63점을 받았다. 50점대였던 중학교 1학년 여학생은 90점을 넘겼다.

고등학교 영어 시험은 교과서 외에 외부 교재와 모의고사 지문까지 포함되기 때문에 70~80개의 지문을 외워야 한다.

'고등학생들은 70~80개의 지문을 녹음해 올까? 그리고 녹음한다고 해도 지문이 너무 많아서 효과가 있을까?' 적어도 더 떨어지지는 않겠지 하는 마음으로 말을 잘 듣는 하위권 아이들에게 녹음을 적용해보았다.

그 결과 중학생들과 마찬가지로 적게는 20점에서 많게는 40~50점씩 올랐다. 4~5등급의 50~60점대 아이들은 모두 1~2등급인 80~90점대를 받았다. 초등학교 6학년보다 못하는 8점대의 아이도 60점이나 받았다.

방문 과외부터 시작한 녹음을 공부방을 하면서도 기본 콘셉트로 잡았다. 나에게 배우는 모든 아이들은 단어 암기와 단어 깜지에서 해방되었다. 아이들도 좋아하고 시험 성적도 잘 나와서 몇 년 동안 대기자가 있을 정도로 소개를 많이 받았다.

더 이상 공부방을 운영하지 않는 지금도 나의 녹음 방법으로 단어와 본문 암기에서 해방되어 고맙다는 메시지가 온다.

단어와 본문 녹음에 대해 자세히 설명하려면 책 3~4권 분량이다. 팁을 주자면 단어는 최소 80번, 본문은 최소 100번 넘게 읽고 녹음해야 한다. 이것은 구구단과 같은 원리다. 수십 수백 번 읽고 한번 입에 붙으면 평생 잊어버리지 않는다.

기억에 관해 최초의 실험을 한 독일의 심리학자 헤르만 에빙하우스는 어떤 것을 외울 때 "인간의 뇌는 하루가 지나면 65퍼센트를 잊어버린다"고 말했다.

더 이상 강제로 암기하게 하지 말고, 읽기와 녹음을 통해서 아이들이 단어와 본문을 자연스럽게 습득하게 하자. 단어와 본문을 읽고 녹음하는 방법은 10년 넘게 수백 명의 아이들이 직접 해보고 효과를 본 것이다. 5년 동안 수천 명의 원장들이 '중·고등 성적 급상승 비법' 강의를 듣고 200퍼센트 효과를 검증받은 비법이다.

고등학생 모의고사 대비를
해줘야 하는가?

최종 목표는 1등급, 고등부는 수능에 집중한다

"우리는 모의고사 대비 안 해요?"

"내신 대비하기도 바빠. 기말고사가 한 달도 안 남았는데, 모의 고사 대비하다 시험을 망칠 수도 있어."

"그래도 해주시면 안 돼요? 다른 곳은 수업도 모의고사로 나가 던데."

고등학교 3학년은 1년에 여섯 번, 고등학교 1~2학년은 1년에 두 번 정도 모의고사를 본다. 6월, 9월, 11월에 치러지는 모의고사 중 두 번 정도 치르는데, 공교롭게도 내신에 들어가는 지필고사 바로 전 달이다. 지필고사를 대비하기에도 시간이 부족하니, 중간고사, 기말고사만 대비하겠다고 했지만, 학생들과 학부모의 요구로 모의고사를 대비해줘야 했다. 결과는 불을 보듯 뻔했다. 모의고사 성적은 그럭저럭 나왔지만 기말고사 성적이 대부분 10~20점 이상 떨어졌다.

분명히 학부모들과 아이들에게 충분히 고지했고, 그들이 원하는 대로 해줬지만 내신과 모의고사 두 마리 토끼를 모두 잡고 싶었던 학생들은 거의 다 그만뒀다.

고객인 학부모와 학생의 요구를 들어줄 것인가, 아니면 내 뜻대로 밀고 나갈 것인가? 아이들 입장에서 몇날 며칠을 곰곰이 생각해봤다. 그리고 오랜 고민 끝에 모의고사를 대비해주지 않기로 결정했다. 상담할 때부터 모의고사 대비를 해주지 않는다고 선을 그었다.

"선생님도 모의고사 대비는 해주시죠?"

"죄송하지만 모의고사 대비는 해주지 않습니다."

"다른 곳은 기본적으로 해주던데요."

"그 대신 수능을 대비해줍니다. 내신도 당연히 해주고요. 수능에서 1등급을 받으면 되지 내신에도 들어가지 않는 모의고사를 대비하다가 내신 망치면 수시로는 대학에 못 들어갑니다."

많은 선생님들이 학부모와 학생들의 요구대로 모의고사를 대비해준다. 하지만 이것은 학생과의 이별을 더 빨리 앞당긴다.

수능 영어 절대평가 때문에 내신시험 범위의 지문이 적게는 30~40개, 보통 70~80개이다. 대구 수성구에는 100개에 달하는 학교도 있다. 수원 영통에는 지문이 200개인 고등학교도 많다.

고교 내신 대비가 더욱더 힘든 것은 2015년 고등부 교육과정이 전면 개편되면서 '고등부도 중등부처럼 쓰기를 강화하라'는 지침이 내려왔기 때문이다. 2015년 전까지는 4~6개 나오던 서술형 문제가 지금은 보통 30~40퍼센트에 이른다. 50퍼센트에 이르는 곳도 있고, 2019년 올해 송도에 있는 어느 특목고는 서술형이 70퍼센트나 나왔다. 앞으로 모든 문제가 서술형으로 나올 확률이 높다. 이렇게 내신을 대비하기도 시간이 부족한데, 모의고사 대비를 한다는 것은 불가능에 가깝다.

모의고사 대비할 시간에 문법과 영작에 주력하라

소비자들은 서비스를 좋아한다. 하지만 소비자가 원하는 것을 모두 줄 수는 없다. 소비자와 판매자 모두 만족하는 것이라면 상관없다. 하지만 소비자인 학부모와 학생들이 잘못 생각하고 있다면 중요한 것이 무엇인지 명확하게 알려주어야 한다.

모의고사 대비는 2등급 이상만 해준다. 그것도 정시를 준비하는 고등학교 3학년으로 제한한다. 2등급 이하부터는 모의고사를 대비할 시간에 문법과 독해 문제를 푸는 법을 알려준다. 그들은 모의고사를 대비할 필요가 없다.

범위가 없는 모의고사는 한두 달 만에 성적이 눈에 띄게 오르지 않는다. 70~80개의 지문이 나오는 중간고사와 기말고사 대비는 언제 하는가. 고등학교 1~2학년 1등급을 제외하고는 내신 1등급을 목표로 하고, '수능에서 1등급을 받는' 전략으로 가야 한다. 영어는 절대평가이니 어려운 3점짜리 문제 3개를 틀려서 91점을 받고 1등급이 되는 것이다. 모의고사를 대비할 시간에 내신을 준비하고, 방학 때는 문법과 단어에 매달려야 한다.

돈, 건강, 명예, 지위 등 사람마다 인생의 목표가 다르다. 하지만 모두 같은 것을 지향한다. 바로 행복이다. 내가 행복하지 않으면 나머지가 아무리 많다 하더라도 의미가 없다. 고등학생들의 최종 목표는 무엇일까? 좋은 대학에 들어가는 것이다. 하지만 지금 당장은 수능 1등급이 목표다.

학부모들의 요구 사항을 어느 정도는 들어줘야 한다. 그것이 학부모가 공부방을 보내는 이유 중의 하나이기도 하다. 학생들과 학부모들은 모의고사 대비를 원한다. 정작 본인들도 최종적으로 중요한 것은 수능 점수라는 것을 알면서도 말이다. 대부분의 원장들이 모의고사 대비를 해준다고 나까지 따라 한다면 수많은 원장들과 별다를 것이 없다. 학부모와 학생들에게 궁극적인 목표를 상기시켜주고, 그것을 이루는 방법을 알려주면 된다.

모의고사 대비 꿀팁

1. 평소에, 특히 방학 때 집중적으로 대비한다.
2. 듣기 파트에서 연음법칙을 꼭 알려준다.
3. 단어는 동의어, 유의어, 헷갈리는 단어들 위주로 가르친다.
4. 독해 파트는 유형별로 1만 문제 정도를 짜깁기한다.
5. 잘 틀리는 유형을 방학 때 집중적으로 풀게 한다.

수능 1등급 노하우

1. 절대평가에서는 3점짜리 어려운 문제 3개를 틀려서 91점을 받고 1등급이 되는 전략으로 간다.(포기할 독해 부분 : 어법 문제 3점, 빈칸 추론 3점)
   듣기나 독해 문제는 어려워서든 실수로든 1개(3점)는 틀리게 마련이다.
2. 듣기는 모의고사 형식으로 최소 이틀에 1회는 풀게 한다.
3. 수능과 같은 지문은 시간을 재고 10개를 푸는 연습을 매일 시킨다.
4. 수능 보기 전날까지 잘 틀리는 유형의 문제를 100~200개 반복하게 한다.
5. 수능 볼 때 긴장하지 않는 아이들이 없다. 모의고사를 볼 때도 수능을 치르듯이 실수하면 대학에 떨어진다는 생각으로 긴장하고 풀게 한다.

수업 시간에 듣기나
받아쓰기를 해도 되는가?

모든 것을 수업에서 해결하지 마라

2003년 유흥가 다세대 빌라촌에서 공부방을 오픈해 한 달에 100만 원도 못 벌 때였다. 영종도의 초등 전문 학원에서 강사로 일하던 친구가 함께 일해보지 않겠냐고 제안했다. 월세를 내고 나면 남는 것이 거의 없던 상황이라 흔쾌히 받아들였다.

강남 YBM시사에서 초등 영어 회화를 전문적으로 가르쳤고, 이후에도 강사 경력이 4년 정도 있었기에 이력과 면접은 문제되지 않았다. 2003년은 영종도에 신도시가 생기기 한참 전이었고, 아파트들이 조금씩 들어서기는 했지만 논과 밭밖에 없던 시기였다. 섬 아이들은 대부분 착하고 말도 잘 들었다.

하지만 버스도 자주 다니지 않는 섬이라 선생님 구하기가 하늘의 별 따기였다. 그래서인지 원장님은 친구와 나를 많이 믿어줬고 의지도 많이 했다. 초등학생들은 전 과목을 배웠다. 영어는 매일 하고, 수학은 주 3회, 나머지 이틀은 사회와 과학을 했다. 원장님은 입시 전문이라 중학생과 고등학생을 가르쳤고, 나와 친구는 초등학생을 전담했다.

그런데 수업 방식에 견해 차이가 있었다. 듣기 파트는 숙제로 내줘도 될 텐데, 커리큘럼에 있으니 수업 시간에 해야 한다는 원장님의 말을 거스를 수가 없었다. 다른 어학원에서 독해 진도를 빨리 나가서 혼이 났던 경험이 있었지만, 내 생각과 학원의 시스템이 달라도 그대로 따랐다.

듣기 파트는 1시간 동안 2개 과를 들려주고 그 자리에서 채점하고 고치는 방식으로 진행되었는데, 아이들의 실력을 높이기보다는 시간 때우기 식이었다. 실력이 낮은 아이들은 빈칸 채우기, 잘하는 아이들에게는 받아쓰기(dictation)를 시켰다. 잘하는 아이들은 전혀 문제없었지만, 철자도 모르는 아이들에게 듣기 수업은 듣고 받아쓰기가 아니라 듣고 베끼기 시간이었다.

"아이들이 읽을 수 있게 해주면서 철자 연습을 더 시켜야 할 거 같습니다"라고 원장님에게 몇 번이나 말했지만, 언제나 돌아오는 대답은 "시키는 대로 하라"는 것이었다. 그것을 보면서 내가 나중에 학원을 차리면 듣기 수업은 절대 커리큘럼에 넣지 않겠다고 다짐했다.

회화에서 듣기는 가장 중요한 1순위이니 꼭 해줘야 한다. 알아듣지 못하면 말을 할 수도 없기 때문이다. 귀머거리가 되면 벙어리가 될 수밖에 없다.

하지만 우리는 공부방 원장이고, 외국 유학을 갈 아이들을 가르치는 것이 아니다. 성적이 떨어져서 혹은 중·고등학교에 올라가서 성적을 잘 받기 위해 나를 찾아온 아이들을 가르치는 것이다. 학부모 또한 그것 때문에 자녀를 보내는 것이다.

듣기는 숙제로만 내줘라

초등학생은 스피커에서 원어민이 말하는 것을 들으면서 따라 말하는 섀도잉(shadowing)을 해야 한다. 초등학교 학부모들은 대부분 말하기(speaking)를 원하는데, 가장 좋은 방법은 원어민 선생님과 영어로 대화를 나누는 것이다. 섀도잉보다는 스스로 리딩 책을 읽는 것이 좋지만, 읽지 못하는 아이들은 어쩔 수 없이 듣고 따라하기를 해야 한다.

공부방에서 선생을 고용하는 것은 불법이므로 원장이 직접 영어로 수업해야 한다. 영어로 수업하면 듣기와 말하기가 한꺼번에 해결되지만, 공부방 선생들은 대부분 원어민처럼 회화를 하지 못한다. 따라서 회화 교재를 선정해 꼭 듣기와 말하기를 같이 병행할 것을 추천한다.

초등 회화 교재는 CD가 있는 것이 좋다. CD는 mp3로 변환해서 아이나 학부모 핸드폰으로 전송해준다. 그리고 숙제는 대충 하게 마련이니, 원어민의 말을 따라 하면서 녹음해 오라고 한다. 중·고등학생들은 듣기 책을 사서 듣고 단어 빈칸 채우기를 먼저 하고, 모의고사용 문제 풀이를 하는 것이 좋다.

여기서 주의할 점은 한 학년 낮은 것부터 시작해야 아이들이 쉽게 여기고 숙제를 잘해 온다는 것이다. 첫 한두 권은 한두 레벨 낮은 교재로 선정해야 아이가 두 권을 푸는 동안 듣기 문제 풀이를 잘 따라 하는 습관을 들일 수 있다.

예를 들어 고등학교 1학년은 중학교 2~3학년 문제집, 고등학교 2학년은 중학교 3학년이나 고등학교 1학년 문제집을 선정하는 것이다. 수능 듣기에서 만점을 받으려면 듣기 문제집을 최소 10권 이상 풀어야 한다. 그것도 매일 하루에 1권씩 꾸준히 말이다. 듣기시험에서 한 개 이상 틀리면 서울에 있는 대학에 입학하기 힘들다는 것을 잊지 마라.

중·고등부 듣기, 받아쓰기 숙제 내주는 꿀팁

1. 듣기 책을 중학교 학년별로 10권씩 사서 숙제로 1회씩 내준다.

   숙제 유형 : 빈칸 채우기, 모의고사 유형 문제 풀이, 문장 받아쓰기

   아이들의 레벨에 맞춰서 위의 3가지 중 하나를 내준다.

   주의할 점 : 철자를 쓰기조차 어려워하는 하위권은 스트레스를 받을 수 있

   으니 듣기 숙제를 내주지 않는다.

2. 연음법칙을 반드시 알려준다.

   't'를 '트'가 아닌 '르'로 발음하는 연음법칙을 꼭 알려준다.

3. 수능 듣기 문제에 잘 나오는 회화 문장들을 모두 정리해준다.

   (고등부는 수능시험에서 듣기 문제가 17문제나 나오므로 철저히 대비해주어

   야 한다.)

자기주도 학습,
어떻게 해야 하는가?

자기주도 학습은 아직 시기상조이다

"중학생들은 교과서도 다르고 시험 범위도 제각기 달라서 시험 때마다 힘드네요. '인강(인터넷 강의)' 중학교 프랜차이즈를 가맹했는데 오히려 더 힘들어요."

"어떤 시스템인데요?"

"전 과목이 다 있어서 아이들이 시험 볼 때 도움이 되겠다고 생각했죠. 아이들이 공부방에 오면 초등 프랜차이즈처럼 자기 자리에 가서 컴퓨터로 인터넷 강의를 듣고 모르는 부분이나 틀린 문제를 5~10분 정도 알려주면 된다고 했거든요. 그런데 아이들이 하나도 모르겠다고 해서 처음부터 다시 설명해줘야 해요. 게다가 사춘기 아이들은 다른 아이들한테 설명할 때 핸드폰 게임을 하거나, 못 하게 하면 엎드려 자버려요. 편하게 가르치려고 했는데 현실적으로는 맞지 않네요."

인터넷 강의 프랜차이즈가 잘못된 것은 아니다. 장점은 훨씬 더 많지만 아직은 시기상조다. 중·고등학생은 90퍼센트 이상이 학원이나 공부방에서 수업을 듣는다. 선생님에게 수업을 받던 아이들한테 갑자기 "동영상을 보고 혼자 공부하다 모르는 것이 있으면 물어보라"고 하면 당연히 받아들이기 힘들다. 다른 곳은 식사 때마다 밥상을 차려주는데, 여기서는 혼자 차려 먹으라고 하는 것과 같다. 같은 돈을 내고 직접 차려 먹어야 하는 식당에 갈 이유가 없다. 가격이 더 싸다고 해도 선호하지 않는다.

중·고등부 프랜차이즈도 시장성을 보고 이 사업에 뛰어들었으니 언젠가는 대세가 될 날이 올 것이다. 하지만 아직은 너무 이르다. 전국적으로 확산되고, 아이들이 어느 정도 받아들일 수 있을 때 시작해도 늦지 않다.

붐이 일어날 때 시작해도 늦지 않다

미리 준비하는 것은 나쁘지 않다. 하지만 붐이 일어날 때 본격적으로 시작해도 늦지 않다. 처음 시작하는 사람은 항상 실패의 위험을 감수해야 한다.

예전에는 이사 갈 동네에 직접 가서 하루 종일 발품을 팔아야 집을 구할 수 있었다. 인터넷으로 정보를 얻을 수는 있지만, 허위 매물이 많아서 여전히 직접 내 눈으로 확인해야 했다. 지금은 거실 소파에 누워 핸드폰 앱으로 이사 갈 동네의 매물을 사진으로 볼 수 있고 실시간으로 예약할 수도 있다.

이 앱을 만들기 전까지 그 회사는 부동산 매매 시장의 최대 단점인 허위 매물을 걸러내기 위해 전국의 부동산에서 일일이 확인한 것들만 올렸다. 수많은 인건비와 프로그램 개발비, TV 광고까지 최소 100억 원은 들었을 것이다. 이렇게 해서 탄생한 것이 부동산 앱 직방이다.

직방은 순식간에 대표적인 부동산 앱이 되었다. 하지만 몇 달 뒤 직방보다 몇 단계 업그레이드된 다방이 TV 광고를 도배했다. 1등만이 성공한다는 법칙이 깨진 지 오래다. 많은 시간과 비용을 투자해서 혁신적인 제품을 만들어도 금방 비슷한 제품이 출시되어 시장을 나눠 먹는다.

모든 것이 불확실한 시대에 선구자의 길은 너무도 힘들고 험난하다. 초등학생 프랜차이즈처럼 중·고등학생도 자기주도 학습이 일반화될 시기는 분명 올 것이다. 하지만 아직 불확실한 것에 승부를 걸지 말고, 한 걸음 물러나 추세를 지켜보면서 준비하는 것이 현명하다.

중·고등부 자기주도 학습 노하우

1. 수업과 자기주도 학습을 병행하라!

①2시간 수업이면 1시간은 전체 수업, 1시간은 그날 배운 것을 다시 풀게 하고 돌아가면서 질의응답을 한다.

② 1시간 수업이면 1시간 자습을 꼭 시킨다.

2. 자습 시 추천 커리큘럼

①그날 배운 내용을 20~30분 복습한다.

②단어나 독해, 문법, 문제 풀이, 영작 등을 번갈아가면서 해야 지루해하지 않는다.

★★★★★

5장

학부모와
학생 관리
실전 노하우

학부모들이 소개를
해주지 않는 진짜 이유

감동 없는 소개는 없다

방문 과외 시절, 처음 맡은 초등학교 3학년과 5학년 남매는 나를 무척이나 좋아했다. 말도 잘 듣고 수업도 잘 따라주어서 1년에 세 번 정도 선물을 챙겨줬다. 한때는 두 남매의 과외비인 30만 원의 절반인 15만 원어치를 크리스마스 선물로 쓴 적도 있다.

지금 생각해보면 지나쳤는데, 첫 학생들이라 잘리면 안 된다는 생각이 컸던 것 같다. 하지만 다른 아이들을 소개받기는커녕 1년 뒤에 두 남매 모두 그만뒀다. 아이들이 내 수업을 그렇게 좋아했는데, 왜 그만둔 것일까?

경력이 7년 차를 넘어섰을 때도 초·중·고등학생 삼남매를 가르친 적이 있다. 아이들도 나를 좋아하고 성적도 쑥쑥 올랐는데도 다른 아이들을 소개해주지 않았다. 그럴수록 내가 부족해서라는 생각으로 더 열심히 가르쳤다. 계속 100점을 받게 하고 상담도 자주 하다 보면 소개를 해주겠지 싶었다.

나중에 알고 보니 삼남매의 어머니는 직장에 다니느라 주변에 친한 학부모가 없었다. 더욱이 서울에서 일산으로 이사 온 가족이라 같은 아파트에 아는 사람도 없었다. 소개를 해주고 싶어도 할 수가 없는 상황이었다.

다른 학부모들을 소개해주지 않는 이유는 다음 3가지다.

첫째, 소개해주는 것 자체를 불편하게 여긴다.

어떤 사람은 좋은 것이 있으면 여기저기 입소문을 퍼뜨리는가 하면, 어떤 사람은 혼자만 알고 싶어 한다. 대부분의 사람들이 마구 떠벌리지 않는 편이다. 아이들마다 성적이나 실력, 성향이 다른데, 소개해줬다가 성적이 안 나오거나 맘에 안 드는 부분이 있으면 괜히 원망만 듣게 된다는 생각이 강한 탓이다. 대부분 소심한 성격이거나 뒷말이 나오는 것을 싫어하는 학부모가 이 부류에 속한다.

둘째, 내 아이에게 소홀할까 봐 걱정한다.

'80~90점을 왔다 갔다 하는 아이를 계속 100점을 받게 해주는 선생을 어디 가서 또 만날 수 있을까', '다른 아이를 소개해주면 내 아이한테 소홀해지지 않을까' 하는 걱정이 앞서는 학부모들이다.

셋째, 선생을 그다지 신뢰하지 않는다.

학부모가 원장에 대해 만족하지 않는 것이다. 이제 스스로에게 반문해보자. 학부모에게 매달 상담 전화를 하고 있는가? 학생이 나를 좋아하고, 내 수업을 재미있어하는가? 성적이 지속적으로 잘 나오는가? 다른 공부방보다 수업 시간도 더 많고 시험 한 달 전부터 평일 또는 주말에 보충을 해주는가? 회비가 다른 곳보다 조금이라도 더 싼가?

학부모가 스승의날이나 명절이면 나에게 선물을 주는지 생각해보자. 학부모도 고객이고, 학생도 고객이다. 학부모와 학생 모두 만족해야 주변 사람들을 소개해준다.

직장에서 열심히 일한다고 해서 성공하는 것은 아니다. 마찬가지로 열심히 가르친다고 해서 소개해주지 않는다. 누군가를 소개해줄 때는 그만한 이유가 있다.

남녀를 소개하는 과정을 생각해보자. 내가 여자이고, 오빠를 친구에게 소개해준다고 하자. 친구에게 빚이 많거나 바람둥이라면 절대 오빠를 소개해주지 않는다.

친구가 얼굴도 예쁘고, 번듯한 직장도 있고, 10년 동안 봐오면서 좋은 사람이라고 판단되었기 때문에 내 가족을 소개해주는 것이다. 자기 마음에 들지 않는 사람을 소개해주지는 않는다.

학부모에게 최고의 선생이 되려면 200퍼센트 만족시켜야 한다. 그래야 아이들도 오래 다니고 주변 사람들도 소개해준다. 소개해주지 않는다고 해서 서운하게 여기기보다는 졸업할 때까지 다니는 것만으로도 고맙게 여기자. 학부모가 만족할 때까지 수업이든, 관리든, 상담 전화든, 보충이든 최선을 다하자.

소개해준 사람에게
보상을 해줘야 하는가?

오는 것이 있으면 가는 것도 있어야 한다

"한 엄마가, '저 만난 걸 행운으로 아셔야 해요' 하길래 처음에는 무슨 말인가 했는데, 30명 넘게 소개해주는 거예요."

"그래서 그 어머니한테 보상을 해드렸나요?"

"아뇨. 그냥 감사하다는 인사만 드렸어요. 뭔가를 해드려야 하나요?"

"기브 앤 테이크(give and take)라고 오는 게 있으면 가는 게 있어야 합니다. 그 어머니는 많이 서운해하고 있을 거예요. 그 정도면 아이 장학금을 줘도 됩니다. 한 명당 1만 원씩 매달 30만 원씩 장학금을 주는 거죠. 아이의 회비는 당연히 졸업할 때까지 무료이고요. 속칭 사교육계의 '돼지엄마'인데, 그런 학부모를 만난 것은 정말 행운이에요. 그런 어머니가 그만두면 소개로 들어온 아이들도 모두 그만두게 됩니다."

"꼭 그렇게까지 해야 하나요? 솔직히 제가 못 가르쳤으면 소개해줬겠어요? 너무 굽히고 들어가고 싶지는 않아요. 제가 명문대 영문학과를 나오고 아이들 성적도 잘 나오니까 소개해줬겠죠. 굳이 소개해준 학부모에게 별도의 보상을 해줄 필요는 없다고 생각합니다."

"아무리 선생님의 실력과 커리어를 믿고 소개해줬다 해도 누군가에게 뭔가를 주면 당연히 작은 것이라도 받고 싶은 것이 사람의 마음입니다. 사심 없이 선의로 그랬다 하더라도 말이에요."

그냥 소소하게 20~30명만 가르치면 좋겠다고 했는데, 그 학부모로 인해 거의 80명을 가르치면서 일산에서 공부방을 운영하며 월 매출 2,700만 원을 올리는 여자 원장의 이야기다. 하지만 결국 소개해준 학부모의 아이가 학원을 나가면서 절반 이상 줄어들었고, 지금은 20명 내외를 가르친다고 한다.

학원가에서 공부방을 운영할 때는 "소개해주면 혜택 같은 거 없나요?"라고 직접적으로 물어보는 학부모도 있었다.

나는 현장 경험을 통해서 얻은 조언을 해준다. 하지만 대부분의 원장들이 소개해준 학부모에게 보상을 해줘야 하느냐는 반응을 보인다. 특히 공부방을 처음 운영하거나 명문대 영문학과를 나온 원장들이 그렇다. 그들을 보면 아무것도 모르던 때의 내가 떠올라

안타깝기만 하다.

네이버 카페 '성공비'를 통해 온라인과 오프라인 강의를 들은 전국의 원장님들이 하나둘 바뀌는 것을 보면 뿌듯하다. 물질적인 것이든 재능 기부이든 나누는 기쁨은 배가된다. 좋은 결과가 나올 때는 더욱 그렇다.

"저는 소개해주는 학부모에게 기프트콘을 드려요."

"저는 마트 상품권을 드리는데, 무척 좋아하세요."

"저는 추석과 설날에 선물을 드리고 있어요. 그러니까 어머님도 스승의날과 명절에 저한테 선물을 주시고, 아이들도 오래 다니더라고요."

"저는 황 원장님 조언대로 소개해준 어머니에게 회비를 매달 깎아드렸어요. 그랬더니 더 많이 소개해주더라고요."

"어떤 어머니는 처음에는 가르치는 비용은 깎는 게 아니라며 거절하셨어요. 그러다 계속 해드리겠다고 하니 다음 달에는 할인된 비용으로 입금하시더라고요."

네이버 카페 '성공비'를 만들어 강의하고 유튜브에서 생방송도 하니, 공부방 원장으로서 조언할 때보다 신뢰감이 더 큰 것 같았다. 내 조언을 하나둘 실천해서 성공하는 원장님들을 보면 보람을 느낀다. 10명 중에 한두 명, 100명 중에 대여섯 명밖에 안 되더라도 경제적으로 팍팍한 공부방에 아이들이 조금이라도 더 늘어난다면 좋은 정보를 계속 공유할 생각이다.

소개해준 학부모에게 보상을 해야 하는 결정적인 이유

돈이 들어가는 광고를 매일같이 할 수는 없다. 매일 남편과 함께 전단지를 500장씩 붙인다는 가락동 빌라촌의 원장님, 매달 아파트 엘리베이터 모니터에 광고를 낸다는 안산의 원장님, 매달 아파트 엘리베이터 입구 아크릴 판에 전단지를 꽂아둔다는 파주의 원장님. 그들은 소개로 학생들이 매달 몇 명씩 끊이지 않고 들어오면 좋겠다고 한다.

소개가 최고의 마케팅인 것은 누구나 잘 알고 있다. 하지만 소개를 해주도록 만드는 방법은 잘 모른다. 소개를 하려면 학부모와 학생들이 먼저 감동해야 한다. 그리고 감동하기까지는 시간이 걸린다. 가장 빨리 소개를 받는 방법 중 하나가 소개한 학부모에게 보상을 해주는 것이다. 하지만 대부분의 원장들은 해보지 않았기 때문에 의구심을 가지고 시도조차 하지 않는다. 나는 실전에서 좋은 결과가 검증된 방법만 조언한다.

학부모들이 지속적으로 소개하게 만들려면 보상을 해주어야 한다. 보상도 단발성으로 끝나면 안 된다. 한 명을 소개해줄 때마다 회비를 매달 1~2만 원 할인해준다. 신규 학생들을 통해 매달 500만~600만 원이 들어온다면 1~2만 원은 지극히 적은 돈이다. 매달 1만~2만 원씩 할인받으면 1년이면 12만 원, 졸업할 때까지 5년이면 60만 원이다. 2명을 소개해주면 120만 원이다.

학부모 입장에서는 1만~2만 원 할인도 큰 혜택이다. 소개해준 학부모를 매달 보상해줘야 하는 결정적인 이유는 한번 보상을 받으면 계속 소개해주고 싶은 마음이 들기 때문이다. 입소문 내기를 좋아하는 사람은 자기하고 아무 상관 없는 맛집이나 좋은 책, 여행 장소를 여기저기 소개하고 다닌다. 물론 아이의 성적이 오르고, 회비도 비싸지 않아야 하며, 아이가 선생님을 잘 따르는 것은 기본이다.

애덤 그랜트의 《기브 앤 테이크(Give and Take)》의 핵심은 '먼저 줘야 받을 수 있다'는 것이다. 어떤 비즈니스든 무언가를 받고 싶다면 먼저 주어야 한다. 마케팅 법칙 중 하나도 고객들에게 먼저 주는 것이다. 하물며 무언가를 받고서도 아무것도 주지 않는 것은 예의에도 어긋난다.

'명색이 선생인데, 원장인데'라는 자존심을 2퍼센트만 내려놓으면 소개도 더 많이 들어올 것이다. 오늘부터 당장 실천해보자. 많은 원장들이 효과를 보고 검증된 방법이다.

회비 2만 원 정도는
올려도 괜찮은가?

2만 원 올리면 70퍼센트 줄어든다

2010년 유난히 추웠던 겨울, 내가 운영하는 공부방에서 아이들이 우르르 나가는 바람에 뼛속까지 시리던 때였다.

"오픈 기념 이벤트로 일정 기간 할인을 해줬는데, 지금은 25만 원을 받고 있어요."

"회비도 싸고 잘 가르친다길래 소개받고 왔는데……."

오픈한 지 6개월 만에 70명 넘게 가르치면서 순이익이 월 1,000만 원을 넘어서자 한동안 잊고 있었던 자만심이 다시 솟구쳤다. 사람은 망각의 동물이라고 하는데, 자만심은 조금만 빈틈이 생기면 치고 올라온다.

이 정도면 더 받아도 된다는 생각에 중학생은 5만 원, 고등학생은 10만 원을 더 올려 받기 시작했다. 기존 학생뿐 아니라 신규 학생들도 똑같이 오른 회비를 받았다. 그동안 워낙 싸게 받았고, 남들과 비슷한 가격이면 괜찮겠다 싶었다. 신규 학생의 90퍼센트가 소개로 들어왔기에 빨리 성장할 수 있었다. 하지만 싸고 잘 가르친다는 말을 듣고 6개월 만에 70명 이상 모였던 아이들이 회비를 올리자 6개월 만에 절반 이상 나가버렸다.

입소문이 빠른 동네라 성장도 빨랐지만, 그만두는 속도도 엄청나게 빨랐다. 그 공부방을 접고 초심으로 돌아가서 다른 지역에 저렴한 가격으로 다시 공부방을 열어 학생들을 50명 이상 모았지만 그때의 충격이 생각보다 컸다.

고객의 경제 상황을 먼저 고려하라

회비를 2만 원 올렸던 의왕의 한 원장님에게 전화가 걸려 왔다.

"학생 수가 40명이 넘었는데, 2만 원을 올리자 절반으로 줄어들었어요. 나중에 알고 보니 아빠는 택배 일을 하고, 엄마는 마트에서 캐셔로 일하는 가정이 많았어요. 그런 동네에서는 2만 원도 큰돈이라는 것을 미처 몰랐어요. 미리 알았더라면 1만 원도 올리지 않았을 거예요."

"처음 오픈했을 때는 아이들이 한 명도 들어오지 않았어요. 그러다 파닉스를 다른 곳보다 저렴하게 받았더니 몇 달 만에 40명이 넘었어요. 그런데 수익이 너무 적어서 회비를 다른 곳과 비슷한 수준으로 올렸더니 절반이 나가는 거예요."

한순간의 작은 욕심이 초래한 결과는 너무나 혹독하다.

1,000원만 올려도 다른 식당을 찾아가는 것이 현실이다. 하물며 교육비 2만 원은 큰 부담이다. 1년이면 24만 원, 4년을 보내면 100만 원을 더 부담해야 한다. 갑자기 100만 원을 더 내라고 하는데 좋아할 학부모는 없다.

물론 초등에서 중등으로, 중등에서 고등으로 넘어갈 때 금액을 조금 올리는 것은 학부모들도 충분히 이해한다.

소탐대실을 주의하라

소문난 음식점은 가격을 갑자기 올리지 않는다. 인구가 100만 명 이상인 고양시에서 가장 유명한 한우식당은 10년 전부터 A++ 한우가 1인분에 7,000원이다. 이곳은 기본 2시간은 기다려야 먹을 수 있다. 다른 곳과 양은 똑같은데 가격은 절반도 되지 않는다. 이런 곳은 주변 사람들에게 적극적으로 소개하게 마련이다.

맛있는 돼지고기 김치찌개집은 다른 식당에서 6,000원 할 때 4원을 받았다. 나는 일주일에 두 번씩 그곳에서 김치찌개를 먹으면서 주변 사람들에게 입소문을 냈다. 5년 만에 겨우 500원 올리는 정도였다. 그러다 어느 날 갑자기 7,000원으로 인상하자 단골이 끊겨서 결국 문을 닫고 말았다.

가격 인상은 신중하게 판단해야 한다. 물가도 엄청 올랐으니 다른 곳들만큼 받는 것이 당연하다고 여기겠지만 단골들의 생각은 다르다.

눈에 보이지 않는 '교육이라는 상품'을 파는 것일 뿐 공부방도 동네 식당과 비슷하다. 어떤 경우에는 식당보다 더 힘들다. 식당은 싸고 맛있으면 서비스가 부족해도 찾아온다. 하지만 공부방은 교육과 서비스에 관리까지 해야 한다. 더구나 고객이 학생과 학부모 두 부류여서 육체뿐 아니라 정신적 스트레스도 만만치 않다.

스트레스를 해소하기 위해서는 원인을 찾아서 뿌리 뽑아야 한다. 사실 모든 원인은 나에게 있다.

학생들이 그만두는 것을 학부모나 학생 탓으로 돌리기 전에 고객인 학부모와 학생들을 진심으로 대했는지 생각해보자. 자존심을 2퍼센트만 낮추면 지금보다 훨씬 좋아질 것이다.

성적이 하위권인 아이들은
어떻게 해야 하는가?

성적이 오르지 않는 이유를 파악하라

성적이 최하위권인 아이들은 다음과 같은 공통점을 가지고 있다.

첫째, 단어를 읽지 못한다. (영어 음가를 전혀 모르고, 배워본 적도 없다.)

둘째, 교과서도 읽지 못한다.

셋째, 영어를 잘하고 싶은 욕망은 있다.

넷째, 대부분 영포자 또는 수포자이다. (대부분 한 과목만 하기 때문에
숙제를 잘해 온다.)

다섯째, 초등학생처럼 시키는 것은 무조건 한다.

여섯째, 성적이 오르고 유지되면, 졸업할 때까지 계속 다닌다.

이런 아이들이 생각보다 많다.

다음은 고등학생의 실제 경험담이다.

"나는 지금 고등학교 2학년인데 영어 선생님 때문에 시간 낭비를 너무 많이 한 거 같아. 중학교 때 학원 선생님은 단어도 못 읽는 나한테 매일 50~100개씩 단어를 외우라고 했어. 못 외우면 수업 후에 남으라고 하거나 때렸지. 중학교 때 지금처럼 좋은 선생님을 만났다면 이렇게 많은 시간을 허비하지 않았을 거야."

2008년 무렵 초등학교 3학년과 5학년 형제를 받았는데, 둘 다 알파벳도 쓰지 못했다. 보통 아이들보다 조금 느린 편이었다. 동생은 알파벳을 a부터 g까지, 형은 a부터 n까지 쓸 줄 알았다. 그래서 한 달 동안 진도를 나가면서 알파벳을 떼었다. 기억력이 좋지 않은 동생은 3개월마다 알파벳을 계속 까먹었고, 알파벳만 하루에 10번씩 100번은 쓴 것 같다.

파닉스는커녕 알파벳도 헷갈리는 아이들이었다. 가장 쉬운 책을 선정해서 3세트(9~12권 정도)를 했는데도 읽기는 여전히 어려운 숙제였다. 그러면서 파닉스(단어를 읽는 방법) 책들의 문제점을 알게 되었다. 파닉스 책에 나오지 않는 단어는 아이들이 읽지 못한다는 것이었다.

초등학생들이 배우는 파닉스 책은 두껍거나 그림이 없으면 아이들이 지루해하기 때문에 팔리지 않는다. 어쩔 수 없이 1페이지에 9~12개 단어를 넣고, 1권에 100개 이상 넣지 않는다. 많아야 120~150개이다. 그리고 파닉스 1세트도 최대 3~4권이다. 아무리 많이 가르치고 싶어도 기존 파닉스 책으로는 600 단어 이상 익힐 수 없다.

파닉스가 끝나면 리딩 책으로 들어가야 하는데, 어려운 단어들이 많은 것이 문제였다. 그래서 파닉스 책에는 전혀 없지만 중요한 단어들을 패턴별로 정리했다. 매일 새벽 2~3시까지 거의 10년 동안 5~6개의 영어 사전과 중·고등학교 교재, 토익, 텝스 단어장을 참고했다.

이렇게 해서 나온 것이 1만 2,000 단어로 만든 파닉스 책 시리즈 《파닉스 뽀개기》 기초·기본·상급 3권이다. 시중 서점에서는 팔지 않고 매달 오프라인 강의에서 파닉스 교수법을 배우는 원장들에게 무료로 나눠 준다.

1만 2,000 단어를 정리할 때는 이렇게까지 해야 하나, 대충 수업하면 편할 텐데, 하는 생각도 많이 들었다. 그때는 이 정도로 관심을 끌 줄은 미처 상상하지 못했다.

내가 만든 파닉스 책으로 가르치니 영어를 포기한 중·고등학생들이 6개월 안에 2등급까지 올랐다. 중·고등 과정의 단어장은 어휘가 부족해서 1만 2,000 단어, 2만 4,000 단어 등 가장 인기 있는 단어장을 모두 샀다. 하지만 그것도 부족해서 영한 사전 10권을 구입해 단어들을 패턴에 맞게 정리했다.

예를 들어 'ad'로 끝나는 단어, 'at'로 끝나는 단어, 단모음, 장모음, 이중모음, 이중자음은 기본이고, 중·고등학교 단어인 접두사와 접미사, 명사형 어미, 형용사용 어미들을 모두 정리했다. 아이들에게 이것들을 읽고 녹음해 오라는 숙제를 내주었다. 신기하게도 알파벳만 겨우 아는 초등학생들도 한 달에서 세 달 사이면 초·중등 4,000 단어를 모두 읽을 수 있었다. 심지어 알파벳밖에 모르는 중·고등학생 영포자들도 2주 만에 초·중·고등 과정 8,000 단어를 읽게 되었다.

내가 만든 파닉스 교재로 10점도 못 받던 중·고등학생이 1년 안에 2등급으로 올랐다. 그때 '영포자의 구세주'라는 별명을 얻기도 했다. 지금은 온라인과 오프라인 강의로 학부모와 학생 관리 비법, 중·고등학교 성적 급상승 비법, 중학교 2학년부터 고등학교 2학년까지 4년 분량의 문법을 한 달 만에 마스터하는 연상 문법, 중학교 2학년부터 고등학교 1년까지 3년 분량의 영작을 일주일 만에 완성하는 영작 달인 강의, 4,000 단어 완성 파닉스 강의, 일주일에 전화가 10통 이상 오게 하는 학생 모집 노하우 등을 전수하고 있다.

영포자도 상위권이 될 수 있다

최하위권 학생들을 상위권으로 만드는 것은 불가능할까? 단어를 읽지도 못하는 중·고등학생들은 포기할 수밖에 없는 것일까? 이 것은 강사일 때나 원장일 때나 늘 풀리지 않는 문제였다. 하지만 몇 년간의 노력 끝에 그 해답을 찾게 되었다.

두 다리가 없는 사람이 100미터 달리기 대회에 출전할 수 있을까? 휠체어를 타고 다니는 사람이 달릴 수 있을까? 이 거짓말 같은 이야기를 현실로 만든 사람이 있다. 남아프리카공화국의 프리

토리아에서 태어난 오스카 피스토리우스는 생후 11개월에 선천적 질병으로 무릎 아래 양다리를 절단할 수밖에 없었다.

달리고 싶었던 오스카는 불가능한 꿈을 포기하지 않았다. 아이는 보조 다리를 달고 달리기를 했고, 두 다리가 멀쩡한 사람들과 당당히 실력을 겨루고 싶다는 뜻을 밝혔다. 오스카 피스토리우스는 갓 스무 살을 넘겼을 때 참가한 400미터 대회에서 당당히 2위로 결승선을 통과했다. 불가능하다고 생각하면 절대 답을 찾을 수 없다. 하지만 가능하다고 생각하고 노력하면 분명 답을 찾을 것이다.

Bonus Tip

영포자를 상위권으로 만드는 노하우 10가지

1. 파닉스를 해준다. (특히 음가를 알려준다.)
2. 영어 단어를 한국말로 표기해준다.
3. 영어 교과서 본문에도 한국말을 표기해준다.
4. 문법은 용어를 쓰지 않고 초등학교 3학년도 이해할 만큼 쉽게 설명한다.
5. 단어와 교과서 본문을 외우는 것이 아니라 읽고 녹음하게 한다.
6. 성적은 한 학기에 10점만 올려준다. (단, 고등부는 한 학기에 20점씩 올려준다.)
7. 3~6개월까지 1 : 1로 보충해준다.
8. 70점대가 되기 전까지는 독해를 시키지 않는다.
9. 성적은 70점대까지만 올려준다. (80점대 이상이 되면 그만두기 때문이다.)
10. 첫 달에는 숙제를 조금만 내준다. 숙제 양을 점진적으로 조금씩 꾸준히 늘려나간다.
그리고 인내심을 가지고 가르친다.

학부모 상담 전화는
매달 꼭 해야 하는가?

한 달에 한 번, 전화 한 통의 효과

공부방을 운영하면서 갑자기 아이들이 그만두는 것은 일상이나 마찬가지였다. 나름대로 열심히 가르치고 학생들도 나를 잘 따라도, 중간고사 점수가 10점 이상 올라도, 다른 곳보다 회비를 적게 받아도 마찬가지였다. '방학 동안에는 쉴게요', '이제 학원에 보내려고요', '개인 과외를 시키려고요' 등 학부모들의 이유도 다양했다. 상담 전화도 잘 안 해주고, 회비 문자만 보내서 서운했다는 학부모도 있었다. 하지만 아이들이 그만두는 진짜 이유가 따로 있는 듯했다. 특히 학부모들은 미리 알리지 않고 회비를 내는 날짜에 맞춰서 그만두겠다고 통보했다.

그때는 지금처럼 노하우를 공유하는 카페나 모임도 없었다. 나중에 알고 보니 학부모들은 한 달이나 몇 주 전에 그만둔다고 얘기하면 대충 가르치거나 신경 쓰지 않을까 봐 그만두는 당일에 통보를 한다고 한다. 정말 가족같이 나를 믿고 아이가 졸업할 때까지 맡겼던 학부모가 들려준 이야기였다.

그때 이후로 정말 나를 믿어주는 학부모들에게도 조심스럽게 물어보고 상담과 미팅을 통해 선생님한테 바라는 것들이 무엇인지, 그리고 학부모들의 심리와 성향을 파악하기 시작했다.

대부분의 학부모들은 선생님이 상담 전화를 자주 하지 않는다는 것에 1차적으로 불만을 가지고 있었다. 매달 수업료를 내는 학부모들은 당연히 상담 전화를 자주 해줘야 한다.

학부모들은 내 아이가 수업을 잘 따라가고 있는지, 숙제는 잘해오는지, 아이가 어느 정도 실력이 향상되고 상위권 대학에 갈 수 있는지 등을 궁금해한다. 돌이켜보면 처음 들어왔을 때 상담 전화를 한 이후에는 매달 회비 문자만 보냈던 것 같다.

문제는 소통의 부재

매달 전화로 아이의 학업 상태를 알려주지 않으면 학부모들은 이렇게 생각한다.

'처음에는 수시로 상담 전화를 해줄 것처럼 말하더니 회비 달라는 문자만 보내네. 여기는 관리가 엉망이야. 아무래도 소문난 OO

학원이나 개인 과외를 해야겠어!'

5~6년 정도 수많은 학생들이 들어오고 나갔다. 처음 가르친 중학생 그룹 아이들이 그만둔 이후로 학생들이 그만둘 때마다 원인을 파악해보고 하나하나 기록하기 시작했다.

"이 학생은 성적도 오르고 나를 좋아했는데 왜 그만뒀을까? 어머니가 아이 레벨보다 조금 낮은 것 같으니 상급반으로 올려달라고 했는데 깜빡했네. 학부모들은 이런 것 때문에라도 그만두는구나. 다음번에는 학부모의 니즈에 귀를 기울여야겠어."

"이 아이는 집이 힘들다고 해서 회비도 남매 둘 다 20퍼센트씩 할인해줬는데 왜 그만뒀지? 큰애가 잔꾀가 많고 숙제를 잘 안 하니 숙제 검사를 확실히 해달라고 했는데, 시험 대비를 하느라 너무 바빠서 숙제 검사를 자주 건너뛰었지. 그게 불찰이었어."

"이 아이는 성적이 4점에서 60점대까지 순식간에 올라가고 내 말이라면 무조건 들을 정도로 열성적이었는데 왜 그만뒀을까? 집안의 경제 사정이 많이 어려웠지. 고등학교 1학년에 올라가면 수학도 배워야 하고, 중학생이 되는 동생도 학원에 다녀야 해. 15평에 살면서 아버지 혼자 외벌이하며 아들 둘에게 두 과목을 과외시키려면 100만 원 이상 들어가는데, 저렴한 영수학원으로 보내는 것이 당연하지. 그럼 학부모의 부담을 덜어주고, 오래 다니라는 의미에서 회비를 조금 낮게 조정해줘야겠다."

"이 어머니는 매달 한 번씩 꼬박꼬박 전화하고 회비를 줄 때는 방문해서 1~2시간 이야기를 나누곤 했는데 왜 그만뒀을까? 학부모와 학생 모두 나한테 만족하고 있었는데 이해할 수 없네. 그 반에 새로 들어온 아이가 완전히 노는 아이였어. 그 아이가 처음 들어왔을 때 다른 아이들이 갑자기 조용해졌는데 그때는 무신경하게 그냥 넘어갔지."

원인을 알게 되니 해결 방법은 저절로 떠올랐다. 첫 수업 후에 아이가 어땠는지 물어보는 것을 시작으로 매달 어머니들께 상담 전화를 드렸다. 수업 태도와 모의시험 테스트(단어, 문법, 영작, 문제 풀이, 독해, 스피킹까지) 결과, 아이의 장단점들을 알려주었다. 1년에 네 번 치르는 지필고사를 보기 전과 후에도 전화를 드렸다. 시험을 잘 보면 잘 봤다고 알리고, 잘 못 보면 왜 성적이 내려갔는지 분석을 해주었다. 그러자 성적이 조금 떨어져도 아이들은 그만두지 않았다. 원인을 알았으니 최소한 한 번은 더 믿어준다.

그뿐 아니라 학부모들이 가장 궁금해하는, 아이가 어느 정도까지 실력이 올라갈지도 알려줬다. 1년 또는 2년 후에도 잊지 않고 학부모에게 내가 약속한 것을 반드시 지켰다. 그리고 매달 상담 전화를 하면서 학부모들이 바라는 것들을 일일이 파악하고 해결해주었다.

학생들은 갑자기 그만두지 않는다. 학부모의 불만이 쌓이고 쌓여서 급기야 그만두는 것이다. 그 불만을 미리 차단하려면 대화를 해야 한다. 상담 전화가 필요한 이유이다. 매달 상담 전화를 하기가 귀찮을 것이다. 하지만 매달 해야 한다. 아이가 다닌 지 오래돼서 할 말이 없다면 문자와 사진으로 대체해도 좋다.

학부모 상담 전화 팁1

3월, 5월, 7월, 12월은 반드시 상담 전화를 해야 한다. 학생들이 이탈하는 시기가 1년 중에 네 번 정도 있다. 신학기, 여름방학, 겨울방학, 중학교 2학년부터 고등학교 3학년까지는 5월 첫 시험을 본 달이다. 이때는 아무리 바빠도 한 달 전에 전화해서 학부모의 의중을 파악하고 해결해줘야 한다.

학부모 상담 전화 팁2

많은 원장들이 매달 커리큘럼이 똑같아서 할 말이 없다고 한다. 학부모 상담 전화는 길게 할 필요 없다. 그달 배운 학습량, 테스트 결과, 특이 사항이 있다면 짧게 5~10분 정도 설명하고 학부모의 이야기를 들어주자. 상담 전화는 학부모가 뭘 원하는지를 알아내는 것이 핵심이다. 학부모의 작은 불만을 바로바로 해결해주어야 아이들이 오래 다닌다.

학부모 상담 전화 팁3

학부모와 상담 전화를 하든 문자를 하든 칭찬부터 시작한다. 첫마디에 칭찬부터 하고, 아이의 단점은 아주 짧게 말한다. 그달에 아이가 공부한 부분과 테스트 결과물(건너뛰어도 되지만 초반에는 하는 것이 좋다)을 사진으로 찍어서 상담 전화를 하기 전에 문자로 미리 보낸다. 그러면 분위기가 상당히 부드러워지고, 문자로 이미 다 알려줬기 때문에 통화를 길게 할 필요도 없다.

학부모 상담 전화 팁4

학부모에게 직언을 하지 마라! 항상 기분 나쁘지 않게 돌려서 말해야 한다. 학부모가 기분 나쁘면 담달에 그 학생은 나오지 않는다. 학습 속도가 느린 아이에 대해서는 이렇게 말한다.

"철수가 아주 조금 느리잖아요. 수업 속도가 철수한테는 조금 빠른 것 같아 보충을 해줘야겠어요. 몇 달 동안 수업 끝나고 따로 봐드릴게요."

숙제를 해 오지 않는 아이에 대해서는 이렇게 말한다.

"민수가 머리도 좋고, 수업도 잘 따라오는데, 숙제를 조금 깜박하네요. 어머님이 허락하시면 민수만 특별히 시험 끝날 때까지 따로 봐드릴게요."

학부모가 요구하는 커리큘럼을
꼭 들어줘야 하는가?

고객의 요구는 일단 들어준다

중학교 1학년 남학생 준섭이의 과외를 하던 첫해였다. 첫해에는 학부모들이 정확히 어떤 것들을 원하는지 잘 모른다. 그저 내신 대비를 위해 교과서와 시중의 문법책으로 수업을 이어가고 있는데, 단어 암기를 하게 해달라는 어머니의 요구에 매번 단어 테스트를 했다. 그러자 어머니가 이렇게 말했다.

"수업 시간에 너무 오래 단어 테스트를 하는 거 아닌가요? 그리고 그런 건 숙제로 내주셔야죠."

1시간 수업에서 20~30분이나 단어 테스트를 하는 것이 불만이었는지, 그다음 달에 바로 그만두었다. 이후에도 학부모의 요구를 들어주다가 그만두는 경우가 많았다. 듣기를 해달라고 해서 숙제로 내줬더니 그만두고, 회화는 안 하냐고 해서 해주니 회화만 너무 많이 한다고 불만을 내비쳤다. 독해를 요구하기에 해주면 독해 위주로 한다고 하고, 숙제로 내주면 틀린 것 하나도 따로 봐주지 않는다고 했다. 과외 1~2년은 잘리는 날의 연속이었다.

이후에 교습소와 학원을 할 때도 스피킹을 안 한다고 그만두고, 외고와 특목고 반이 없다고, 방학특강이 없다고 등록을 하지 않았다. 요구 조건을 다 맞춰주지 못하자 미등록의 연속이었다. 하지만 원장 경력 10년 차에는 어떤 요구 조건이 들어와도, 어떤 커리큘럼을 원해도 가능한 만능 공부방 원장이 되어 있었다.

과외 선생 시절 수없이 잘린 경험이 없었다면, 학원과 교습소를 열고 첫 상담 때 커리큘럼이 맘에 안 든다고 그냥 돌아간 학부모가 한 명도 없었다면, 70명이 넘는 아이들을 혼자 가르치면서 꾸준히 매월 1,000만 원을 벌어들이지 못했을 것이다.

나만의 커리큘럼을 만들어라

학부모들이 무엇을 원하는지 미리 알고 있다면 상담이든 가르치는 것이든 두렵지 않다. 학부모의 요구 조건을 가볍게 듣지 말아야 한다. 그것을 들어주지 않으면 자신들의 입맛에 맞는 다른 공부방을 선택할 것이다. 학부모의 요구 조건은 일단 들어주면서 내 방식대로 이끌어 나가야 한다.

나의 커리큘럼은 모든 학부모들이 원하는 방향으로 짜여져 있다. 읽기, 듣기, 쓰기, 말하기, 문법, 영작, 독해, 단어 그리고 내신까지 모두 포함된다. 학부모가 원하는 것은 모두 다 해준다 하더라도 혼자 하다 보면 시간의 한계에 부딪히게 된다.

그래서 핵심적으로 필요한 것들만 가르치고 나머지는 숙제로 대체한다. 어떤 선생님들은 1시간에 3개 파트는커녕 1개 파트만 요일을 바꿔서 나가는데, 경험상 크게 추천하지 않는다.

초등학생은 주 3회 그룹 수업일 경우 월요일은 리딩(읽기), 수요일은 회화, 금요일은 듣기 또는 단어를 하고, 자기주도의 경우 컴퓨터로 듣기, 말하기, 단어 위주로 공부한다. 예를 들어 원어민이 말하는 것을 듣고 따라 하는 섀도잉을 계속 반복한다. 여기에 리딩(읽기)을 추가하는 곳도 있다.

하지만 영어에서 가장 중요한 문법과 영작이 빠져 있다. 아이가 어리다고 문법과 영작을 하지 않으면 중학교에 가서 큰 문제가 된다. 편식하면 건강할 수 없듯이 공부도 편중되면 어느 한 곳에 구멍이 나게 마련이다.

숙제를 적절히 활용한다

그렇다면 혼자서 그 많은 파트를 다 해줄 수 있을까? 아이들이 혼자 할 수 없는 것들만 수업으로 하고, 나머지는 모두 숙제로 내주면 된다. 나는 1시간 동안 최소 3개 파트를 나간다.

초등은 리딩 20분, 문법과 영작 30분, 회화 10분을 하고 듣기와 단어 암기는 숙제로 내준다. 중등은 회화는 시험에 안 나오니 문법, 영작, 내신 3가지를 수업하고, 독해와 단어는 숙제로 내준다. 듣기는 수능을 봐야 하는 상위권 아이들에게만 숙제로 내준다.

고등부도 중등부와 같은 방식이다. 하지만 수능에 듣기가 나오므로 아이 레벨의 90퍼센트 이상 맞는 듣기 문제집을 선정해서 숙제로 내준다. 물론 아이들이 연음을 잘 못 알아들으니 일주일에 하루 듣기 수업에서 연음법칙에 대해 모두 알려준다.

학기 중에는 시험 대비를 하느라 너무 바쁘기 때문에 숙제는 주로 방학 때 내주는 것이 좋다. 나는 기본적으로 2시간 분량의 숙제를 내준다. 그날 수업한 것 3개 파트와 듣기, 단어, 독해까지 5~6개 파트를 매번 숙제로 내준다.

숙제 검사를 하는 데 시간이 많이 걸린다고 하는데, 실제로 해보면 그렇지 않다. 나는 10명의 숙제 검사를 하는 데 1~2분밖에 걸리지 않는다.

최고로 잘 가르칠 수 있는 전문 분야를 선택하라

어떤 학부모는 중학교 1학년인데 시험에도 나오지 않는 회화를 해달라거나, 초등학생이니 말하기(speaking)를 중점적으로 해달라, 쓰기 위주로 수업을 해달라는 등 요구 조건도 제각각이다. 아무리 모든 것을 다 해준다 해도 모든 것을 중점적으로 해줄 수는 없다.

결국 학부모들이 원하는 것은 골고루 체계적으로 다 가르쳐주고, 읽기, 듣기, 쓰기, 말하기 4가지 영역에서 아이의 실력이 향상되는 것이다. 학부모들이 원하는 것을 다 해주다 보면 공부방의 정체성이 없어진다.

처음에 언급했듯이 콘셉트가 중요하다. 초·중·고등학생을 다 가르칠 수 있어도 주력으로 하는 대상을 정해야 한다. 그렇지 않으면 이도 저도 아닌 평범한 공부방 중의 하나가 될 뿐이다. 전문 분야가 있어야 학생들이 그에 맞춰 찾아온다. 그리고 그렇게 해야 커리큘럼이 제대로 나온다. 아직도 커리큘럼 없이 운영하는 전국의 수많은 공부방 원장님들과 예비 공부방 원장님들을 위해 커리큘럼 짜는 꿀팁을 전한다.

Bonus Tip

초·중·고 커리큘럼 짜기
초등 : 읽기, 듣기, 쓰기, 말하기
중등 : 문법, 영작(서술형), 단어, 독해, 듣기 + 내신
고등 : 문법, 영작(서술형), 단어, 독해(모의고사), 듣기 + 내신

주의할 점
초등 고학년 : 상위권은 중학교 커리큘럼, 최상위권은 중등 + 고등 커리큘럼
중학생 : 상위권은 고등학교 커리큘럼, 최상위권은 수능 + 텝스(또는 토익)
고등학생 : 상위권은 수능 + 텝스(또는 토익)

학부모가 요구하는 숙제 분량을 맞춰줘야 하는가?

숙제는 선생의 권한이다

2000년 초반 이제 막 전업으로 과외 시장에 뛰어들었을 때는 아이들이 모자라서 방문 과외를 병행할 수밖에 없었다. 하지만 초보 과외 선생을 알아보는 눈치 빠른 학부모들은 대부분 한두 달 만에 그만두곤 했다.

그러다 광고지를 보고 연락한 중학교 1학년과 초등학교 5학년 형제를 가르치게 되었다. 형제라서 회비도 조금 할인해주었고, 어머니도 나를 마음에 들어 해서 첫 출발은 좋았다. 하지만 중학교 1학년인 큰아이가 과학고 대비반이라 수학 숙제가 엄청나게 많다면서 나에게 영어 숙제를 내주지 말라고 했다. 숙제를 내주지 않으면 실력을 향상하는 데 시간이 너무 많이 걸린다고 설득해서 20~30분 분량만 내줬다.

아이의 실력이 뛰어나다고 해도 그 정도 숙제로는 시험에 대비하기 부족할 거라고 말했지만, 돌아오는 대답은 '괜찮다'는 것이었다. 그렇게 한 달 반 정도 지나서 중간고사를 치른 다음 날, 학원 숙제가 너무 많고 시간도 안 맞다면서 그만두겠다고 통보해왔다.

마지막 수업 때 아이에게 물어보니 역시나 90점을 넘기지 못했다는 것이었다. 처음부터 숙제가 너무 적으면 시험 성적이 나오지 않는다고 말해서였는지, 그 어머니는 시간이 안 맞다는 이유로 그만뒀다.

내 페이스대로 가라

2006년 초·중등 과외로 자리를 잡아가던 중이었다. 과외를 하는 초등학교 3학년 혜빈이가 친구 지은이를 소개해주었다. 전교 1등을 하는 지은이는 국제중학교를 목표로 하고 있었다. 외동딸에 늦둥이여서인지 엄마의 기대가 무척이나 컸다. 지은이의 어머니는 첫 수업 후 숙제가 너무 적다면서 불만을 토로했다.

"제가 숙제 많기로 소문난 사람이에요. 하지만 아이가 따라올 시간도 염두에 둬야 하니 첫 주에는 조금 적게 내주고, 2주 차부터 조금씩 늘려나갈 거예요. 한두 달 뒤에는 3~4시간 분량을 내줄 테니 걱정 안 하셔도 됩니다."

그렇게 해서 지은이에게는 20분 분량의 숙제만 내줬다. 그런데 아이가 숙제로 내주지도 않은 독해 문제를 20개나 풀어놓은 것이다. 영작은 10페이지나 해놓았다. 엄마가 시킨 것이었다.

나는 지은이 어머니를 한 번 더 설득했다. 하지만 세 번째 수업에서도 지은이는 엄마가 내준 숙제를 해 왔다. 그 어머니에게 왜 숙제를 따로 내주었냐고 물었더니 숙제가 너무 적어서 그랬다며 불만을 토로했다. 그때는 몇 년 동안 100명 이상의 아이들을 가르치면서 나름대로 커리큘럼과 수업 방식이 있었기에 내 뜻을 굽히지 않았다. 하지만 일단은 그 엄마의 뜻을 따라주기로 했다. 사실 그때 화가 난 나머지 10시간 분량의 숙제를 내줬다. 그러자 지은이는 그다음부터 숙제를 하나도 해 오지 않았다.

결국 지은이는 한 달 만에 그만두었다. 이제 와서 생각해보면 정말 아이 같은 행동이었다. 숙제를 조금만 더 내주면 되었을 일이었다.

특목고 대비반이라도 숙제를 많이 내주지 마라

2014년에는 과학고 대비반 중학교 2학년 남학생을 받게 되었다. 첫 수업을 받고 아이는 너무나 만족해했다. 그리고 역시나 만족해하는 학부모의 전화를 받았다. 과학고 대비 학생이라 수학과 과학은 항상 100점이었고, 영어를 제외한 나머지 과목도 2개 이상 틀리지 않았다.

그 어머니는 아이가 유독 영어만 80점을 받는다면서 숙제를 많이 내달라고 했다. 아이들이 가장 싫어하는 것이 첫 수업 후에 숙제를 많이 내주는 것이다. 그래서 나는 스스로 잘하는 아이도 첫 수업 후 1시간 분량을 넘지 않게 숙제를 내준다. 하지만 그 아이는 특별히 2시간 분량을 내줬는데도, 학부모는 2배 정도 더 요구했다.

"진혁아, 선생님은 처음부터 숙제를 많이 내주지 않는데, 엄마가 숙제를 2배 더 내달라고 하셨어. 일주일 동안 해보는 데까지 해보고 그다음에 얘기하자."

아이한테 자초지종을 말하고 숙제를 일주일 동안 2배 더 내줬다. 결과는 어땠을까? 아이는 숙제를 절반도 해 오지 못했다. 전혀 해 오지 않은 날도 있었다. 그래서 아이 어머니에게 바로 전화를 걸었다.

"어머님, 우리 진혁이가 처음에는 숙제를 잘해 왔는데, 어머님 말씀대로 숙제를 2배 늘렸더니 절반도 안 해 오네요. 전혀 안 해온 날도 있고요. 진혁이는 어머님이 세상에서 누구보다 잘 알겠지만, 10년 넘게 수백 명의 아이들을 가르쳐온 저를 믿고 맡겨보시는 것이 어떠세요? 사실 저는 일산에서 숙제 많기로 악명이 높습니다. 아이들이 생일 선물로 숙제 면제권을 달라고 할 정도예요. 하지만 앞으로 갈 길이 먼데, 처음부터 숙제를 많이 내주면 숙제를 하고 싶은 생각이 없어지고, 저를 좋아하지 않게 됩니다. 아이가 저를 믿고 잘 따라와야 실력이 올라간다는 건 어머님도 아시잖아요. 급할수록 돌아가라는 말처럼 저를 믿고 100퍼센트 맡겨주시면, 진혁이는 제가 책임지겠습니다."

하지만 집에서 수학 공부방을 운영하는 진혁이의 어머니는 굽히지 않고 계속 숙제를 많이 내달라고 요구했다. 나는 숙제를 많이 내줄 수밖에 없었다. 진혁이는 점점 숙제를 해 온 날보다 안 해오는 날이 더 많았다. 그렇게 첫 기말고사를 치렀는데, 결과는 불 보듯 뻔했다.

아이가 숙제를 거의 안 하기도 했지만, 엎친 데 덮친 격으로 그 학교의 영어 교사들이 고등학교 교사들로 바뀌면서 12년 동안 본 시험 문제 중에 가장 어려웠다. 전교생 평균 영어 점수가 40점이었고, 반에서 1등이 70점대 초반이었다. 진혁이는 60점대로 떨어질 수밖에 없었다.

60점을 넘긴 아이가 몇 명 없을 정도로 문제가 어려웠다. 나는 아이의 성적이 떨어진 이유를 어머니에게 조목조목 설명했다. 하지만 모든 결과는 내 책임이었다. 예상대로 진혁이의 얼굴은 두 번 다시 볼 수 없었다.

내 패턴대로 조금씩 바꿔나가라

숙제를 많이 내달라는 학부모의 요구는 일단 들어줘야 한다. 처음부터 학부모의 요구를 들어주지 않는다면 길어야 한두 달이다. 고객인 학부모의 요구는 일단 들어주고 나서 차츰차츰 내 페이

스대로 끌고 가는 것이 좋다. 숙제를 절대 내주지 말라고 하면 수업 후에 남아서 좀 더 하고 보낸다.

이때는 고객인 학부모의 요구를 무시하는 것이 아니라 설득해야 한다. 교육 시장을 잘 몰라서 그러는 경우가 많다. 특히 첫아이가 초등학생이면 학부모의 눈높이는 초등학생, 첫아이가 중학생이면 학부모도 중학생이다. 첫아이가 고등학생쯤 되면 그제야 말이 통한다.

고객이 하얀색을 원하면 하얀색을 줘야 하고, 검정색을 원하면 검정색을 줘야 한다. 하지만 고객들도 정확히 본인에게 잘 어울리는 색깔이 무엇인지 모른다. 하얀색이 잘 어울리는데 검정색만 고집한다면 '고객님은 얼굴이 하얘서 하얀색을 입으시면 얼굴이 더 환해 보여요' 또는 '고객님은 하얀색보다는 검정색을 입으시는 게 더 예뻐 보여요'라고 코치를 해주는 것이 좋다.

나는 숙제를 내주지 말라고 하는 학부모들에게 이렇게 말한다.

"숙제를 내주지 않는 선생이 세상에서 가장 나쁜 선생입니다. 숙제는 그날 배운 것을 내 것으로 체화하는 과정입니다. 철수가 싫어하면 앞으로 숙제는 내주지 않을게요. 대신 수업 끝나고 10~20분 정도 남아서 그날 배운 것만이라도 복습하게 할게요."

숙제를 엄청 많이 내달라고 하는 학부모에게는 이렇게 말한다.

"아이가 배고프다고 피자 20인분을 먹일 수는 없습니다. 먹는다 해도 곧바로 토할 겁니다. 저는 이 동네에서 숙제 많이 내기로 소문난 선생입니다. 하지만 처음부터 숙제를 많이 내주면 아이들이 금방 질려버려요. 저를 좋아하지도 않고요. 아이 스스로 즐겁게 숙제를 할 수 있도록 만들겠습니다. 두세 달 정도 맞춰보고 나서 상위권 아이들처럼 2~3시간 분량의 숙제를 할 수 있는 체력을 키워드리겠습니다."

숙제를 안 하는 아이들은
어떻게 해야 하는가?

숙제를 하도록 만들어라

"김 원장님, 지난달에 20명 정도 더 들어왔으니까, 지금은 60명 정도 되겠네요?"

"황 원장님이 만들어주신 전단지로 홍보해서 20명 정도 더 들어왔는데, 칼바람이 두 번 불어서 작년이랑 똑같이 40명 정도예요."

"네? 칼바람이라니?"

"숙제를 안 해 오거나 말을 잘 안 듣는 아이들은 모두 내보냈거든요."

2016년에 동탄에서 공부방 1 : 1 컨설팅을 해준 원장의 말이었다. 강동구에서 강사 생활을 몇 년 하다가 큰 비전을 못 느끼고 나

200

에게 학생 모집 1 : 1 컨설팅을 의뢰했다. 공부방 위치 선정부터 콘셉트, 시간표 짜기, 학부모 상담 및 학생 관리 비법은 물론 내가 쓴 모든 책을 제공해주고, 학생까지 수십 명을 책임지고 모아주는 컨설팅으로 1년 만에 40명을 모집했다.

처음에 계약한 학생 수가 40명이었지만, 너무나 열정적으로 잘 따라와 줘서 최소 70명, 최대 100명을 목표로 하루에 몇 시간씩 코칭을 해주었다. 그런데 어렵게 모은 학생들을 10명 정도 두 차례에 걸쳐서 내보냈다는 것을 이해할 수 없었다.

목표로 설정한 최소 70명이 되기 전까지는 아이들이 힘들어도 계속 끌고 가라는 말을 누누이 했는데도 말이다. 이때 사람들이 모두 내 맘 같지 않다는 것을 느꼈다. 컨설팅을 해준 10명 중의 한 두 명은 사업가 마인드를 완전히 숙지해서 0명으로 오픈해 230명이 될 정도로 승승장구하고 있다. 물론 이 원장도 강사 경험이 1년밖에 안 되어 티칭과 관리를 전혀 모르는데도 나의 컨설팅을 그대로 따라 해서 요즘 같은 불경기에 월 매출 4,000만 원을 넘기고 있다.

인천에서 고등학교 3학년만 전문적으로 하는 선생님은 1등급만 가르친다고 한다. 단어 500개를 외워야 할 정도로 숙제가 살인적이다. 더구나 숙제를 두 번 이상 안 해 오면 회비 환불도 없이 바로 퇴원 처리를 한다. 하지만 스파르타식으로 가르쳐도 11월 수능 시험 보기 한참 전인 7월 초에 기말고사가 끝나면 70퍼센트가 그만둔다고 한다.

파주에서 공부방을 하는 여자 선생님은 체벌이 금지된 지 오래

인데도, 숙제를 안 해 오면 남학생 여학생 가리지 않고 야구방망이로 엉덩이를 10대씩 때린다고 한다. 잘 가르치지도 못하고, 항상 욕을 하면서 아이들을 때린다는 소문이 파다했다.

숙제를 좋아하는 아이들은 없다

학생들은 기본적으로 공부를 좋아하지 않는다. 숙제는 더욱더 싫어한다. 어른들이 야근을 싫어하는 것과 같다. 아이가 환자라면 선생님은 의사이다. '공부'라는 병에 걸린 아이를 꾸짖는 것이 아니라 그 병을 고쳐줘야 한다.

다른 의사가 조제해준 처방전으로 효과를 보지 못했으니, 유능한 의사를 찾아서 보내는 것이다. 그런데 약을 복용하지 않는다고 해서 환자를 포기한다면 의사라는 직업을 포기하는 것과 같다. 학생이 수업 시간에 집중하지 않거나 숙제를 해 오지 않는다면 그것을 해결해주는 것이 바로 선생의 할 일이다.

공부를 못해서 아픈 아이들의 마음을 치유해주고 건강한 공부 체력을 만들어주려고 노력한다면 아이들과 학부모는 나를 진정한 선생님으로 여기고 졸업할 때까지 보낼 것이다.

숙제를 안 하는 아이들, 공부를 싫어하는 아이들을 내 공부방에 보내는 이유를 생각해보아야 한다. 아이 스스로 공부를 잘한다면 돈을 들여가면서 내 공부방에 보낼 이유가 없다.

학부모가 사교육을 시키는 이유는 2가지다. 첫째는 성적을 올리기 위해서이고, 둘째는 스스로 공부하는 습관을 길러주기 위해서이다. 16년 동안 현장에서 아이들을 가르치며 통계를 내본 결과 아이들의 성적은 숙제율과 거의 비슷하다.

숙제율이 50퍼센트이면 50점대, 70퍼센트이면 70점대, 90퍼센트 이상이면 90점대이다. 숙제를 90퍼센트 이상 해 오는데 현재 50~60점이라고 해도 1~2년 내에 90~100점이 된다. 나는 이것을 등록하기 전 상담할 때 학부모에게 미리 알려주고 숙제 관리를 철저히 한다.

스파르타식으로 무조건 따라오라고 강요하는 것이 아니라 아이의 상태를 봐가면서 조절을 해줘야 한다. 아이가 숙제하는 습관을 들이게 하는 것이다. 처음에는 조금만 내주고 점차 조금씩 양을 늘려나간다. 아이가 혼자서도 숙제를 잘할 수 있는 체력과 습관이 생겨서 2~3시간 분량도 거뜬히 해낼 수 있어야 한다.

선생님은 아이가 튼튼한 공부 체력을 기를 때까지 인내해야 한다. 일정한 수업료를 받고 아이를 맡은 만큼 더 책임감 있게 가르치고 관리해야 한다.

태어날 때부터 공부를 잘하고 숙제를 좋아하는 아이는 없다. 설령 아이의 학습 속도가 현저하게 느리고 산만해도 선생님이 끝까지 포기하지 않는다면 분명 공부가 즐거운 상위권 학생이 될 것이다. 아무리 하위권 아이라도 선생님이 포기하지 않으면 결국 잘하게 된다.

1. 숙제를 안 하는 아이들을 한 번에 해결하는 노하우(또는 숙제를 무조건 하게 만드는 노하우)

    1단계 : 숙제를 해 오지 않으면 엄마한테 알리고 수업 후에 남긴다고 한다.

    2단계 : 수업 후에 남지 않으면 엄마한테 알리고 주말에 부른다고 한다.

    3단계 : 처음 한두 번은 봐준다.

    4단계 : 처음 숙제는 10~20분 분량만 내주고, 한 달 동안은 30분을 넘기지 않는다.

    5단계 : 한 달 후에 매주 5~10분 분량씩 늘린다.

2. 남아서 딴짓을 하거나 자는 아이들 해결하는 노하우

    ① 숙제를 해 오지 않아서 수업 후에 남았는데 자거나 핸드폰 게임 등 딴짓을 하면 엄마한테 알리고 주말에 보충을 하겠다고 한다.

    ② 숙제를 다 해야 집에 보내준다.

위의 2가지 노하우는 아직 순진하고 엄마의 잔소리가 통하는 초·중등 아이들에게 해당한다. 고등학생들에게는 통하지 않는다. 고등학생들에게는 숙제를 안 해 오면 퇴원시킨다고 겁을 주는 한편으로 졸업할 때까지 나와 함께 공부해야 좋은 대학에 들어갈 수 있다는 비전을 제시한다.

아이들을 철저하게
관리하는 법

아이들은 항상 체크가 필요하다

"민수는 오늘 숙제를 안 해 왔으니까, 약속대로 남아서 다 하고 가야 돼!"

"안 돼요. 바로 피아노(또는 태권도) 학원 가야 한단 말이에요."

나는 숙제를 안 해 오는 아이들은 무조건 엄마에게 전화하고 수업 후에 남겨서 마저 숙제를 시켰다. 그런데 아이들은 수업이 끝나고 남는 것을 너무너무 싫어해 이런저런 핑계를 대기 시작했다.

"오늘은 수학 보충을 가야 해요."

"오늘은 금요일이라 외식한다고 엄마가 빨리 오라고 했어요."

"내일 수행평가 제출 마지막 날이어서 친구들이랑 모여 마무리

해야 돼요."

수학 보충을 간다고 하니 수학 선생님한테 전화를 걸어서 확인할 수도 없었다. 수행평가를 오늘까지 끝내야 하는 게 맞는지 친구들에게 전화해 확인할 수도 없는 노릇이었다. 학부모에게 전화해 오늘 외식하는 게 맞느냐고 물어보면 자칫 아이를 믿지 못한다는 오해를 살 수도 있다.

매달 마지막 금요일마다 가족끼리 외식한다면서 일찍 가는 고등학교 1학년 지훈이는 숙제도 열심히 해 오는 모범생이어서 더욱더 믿었다. 가끔 전화 상담만 하던 지훈이의 엄마가 회비를 직접 내겠다며 학원에 찾아왔다. 사실 학부모가 학원이나 공부방을 찾아오는 진짜 이유는 상담 전화를 자주 하지 않았기 때문이다.

"지훈이는 가족끼리 외식을 자주 하나 봐요? 거의 한 달에 한 번은 하는 것 같던데요."

"네? 무슨 말씀이신지 모르겠네요."

"지훈이가 한 달에 한 번은 가족끼리 외식한다고 하면서 그날은 수업을 1시간밖에 안 하고 가거든요."

그러자 지훈이 엄마는 깜짝 놀라면서 이렇게 말했다.

"저희 집은 가족끼리 외식을 잘 안 해요. 그런 일이 있었으면 진작에 전화를 주셨어야죠."

회비를 결제하러 왔던 지훈이 엄마는 화를 내며 문을 쾅 닫고 나가버렸다. 그날 이후 모범생 지훈이를 더 이상 볼 수 없었다. 공부도 열심히 하고, 숙제도 빠짐없이 해 오는 모범생이어서 더욱 놀랐다.

외고를 대비하는 머리 좋은 중학교 1학년 모범생 아이를 가르칠 때였다. 성격도 너무 좋고, 공부도 반에서 1~2등 하고, 숙제도 열심히 하고, 무엇보다도 나를 잘 따랐다. 그런데 조금 이상한 점이 있었다. 시험만 끝나면 수행평가를 해야 한다며 일주일씩 공부방에 안 오는 것이었다.

"이번 달까지 수행평가를 마무리해야 하는데, 시험 기간이라 준비를 못 했어요. 다음 주는 친구들이랑 수행평가를 준비해야 되니까 일주일만 빠질게요."

"수행평가가 몇 개나 되기에 일주일이나 빠진다는 거니?"

"국어랑 역사랑 과학이랑 3~4개 되는 거 같아요. 역사는 박물관에 가야 되고, 과학은 같은 팀 아이들끼리 모여서 리포터를 만들어야 해요."

"그래, 알았다. 일주일 뒤에 보자."

이 아이가 거짓말을 하리라고는 꿈에도 상상하지 못했다. 다행히 성적이 항상 90점 이상이어서 아이 엄마는 전적으로 나를 믿었다. 그런데 알고 보니 아이가 중학교를 졸업하기 전까지 3년 동안 나를 속였던 것이다.

"선생님, 사실 수행평가는 거짓말이었어요. 우리도 놀 시간이 필요하잖아요."

오랫동안 아이가 거짓말을 했다는 사실에 놀라기는 했지만, 나의 학창 시절이 문득 떠올랐다. 중학교 때 일요일마다 집 근처에 있는 도서관에 갔다 오겠다고 하고는 친구랑 하루 종일 오락실에서 게임을 하곤 했다. 고등학교 때 시험이 끝났는데도 하루 더 남았다고 하고 만화방에서 저녁 10시까지 만화를 봤다. 학창 시절을 돌아보면 누구나 한 번쯤은 수업을 빼먹고 땡땡이를 쳐본 적이 있을 것이다. 핸드폰은 물론 삐삐도 없던 그때가 지금보다 훨씬 자유로웠다.

벌은 없고, 상만 주는 선생님이 되어라

2월에 나에게 1 : 1 컨설팅을 받고, 18명이었던 학생이 두 달 만에 70명으로 늘어난 부천의 공부방 원장님이 직접 겪은 일이다. 나는 어떤 경우에도 학생을 때리거나 욕하거나 비하하거나 화를 내지 말라는 조언을 했다. 그런데 까칠한 중학교 3학년 여학생에게 숙제를 안 해 왔으니 남으라고 했더니 곧바로 욕을 했다고 한다.

"그냥 못 들은 척하긴 했는데, 또 그러면 어떻게 대처해야 할지 모르겠어요."

원장은 내 조언대로 화를 내지 않고 숙제를 해 오지 않으면 왜 남아야 하는지 차분히 설명한 다음 그냥 집에 보냈다. 그다음부터 그 여학생은 수업 시간에도 열심히 공부했고, 숙제도 항상 90퍼센트 이상 해 온다고 했다.

아이들은 혼자 남아서 숙제를 하는 것 자체를 싫어한다. 숙제를 안 해 오더라도 한두 번은 봐줘야 한다. 매번 단어를 50개 이상 외워 오라고 하고, 테스트에 통과하지 못하면 수업 후에 남기는 방식은 좋지 않다.

숙제도 전혀 안 해 오면서 막무가내로 그냥 가버리는 아이들을 해결하는 방법은 없을까? 나는 중학생들도 초등학생들처럼 스티커와 상품을 주었다. 숙제를 100퍼센트 해 올 때마다 스티커를 1~2개 주었고, 1년에 네 번 치르는 지필고사에서 점수가 10점만 올라도 스티커를 3~4개 주었다.

기대 반 걱정 반으로 시작한 중학생들의 보상제도는 가히 폭발적이었다. 1년 동안 숙제를 한 번도 해 오지 않던 아이가 갑자기 그 많은 숙제를 해 오기 시작했다. 보충을 한 번도 듣지 않던 아이들도 스티커를 모아 상품을 받아야 한다면서 열심히 보충수업에 참석했다. 아직은 순수한 초등학생과 중학생들에게는 보상제도가 잘 통한다. 중학생에게는 스티커가 너무 유치한 듯해서 쿠폰을 만들어 도장을 찍어주었다.

그 뒤부터는 숙제를 해 오지 않았다고 엄마한테 전화하거나 수업 후에 남기지 않았다. 숙제를 안 했을 때, 성적이 떨어졌을 때, 단어나 영작 테스트를 통과하지 못했을 때도 벌을 주지 않았다. 그 대신 성적이 올라간 아이들, 열심히 숙제를 해 온 아이들에게 상품을 주었다. 그러자 숙제를 전혀 해 오지 않던 아이들도 상품을 얻으려고 열심히 공부했다.

질풍노도의 시기인 사춘기 중학생들은 고등학생들처럼 공부를 왜 해야 하는지 그 이유를 모른다. 아직 비평준화된 곳도 있지만, 대부분 고교 평준화여서 공부를 열심히 안 해도 고등학교에 진학할 수 있다. 더구나 중학생들에게 대학교는 아직 먼 나라 이야기다. 그래서 공부를 할 수 있도록 동기부여를 해줄 만한 것이 없다. 의욕이 없으니 수업 시간에도 딴생각을 하고, 숙제를 해도 글씨를 거의 알아보기 힘들 정도로 베끼기에 급급하다.

숙제를 해 오지 않는 아이들을 남겨서 모두 끝내고 가게 하는 노하우

1. 핑계를 대고 가는 아이

   엄마한테 전화해서 확인하겠다고 한다. 실제로 확인해보기도 한다. 거짓말이면 아이는 그냥 가지 않을 것이고, 사실이면 보충 날짜를 잡는다.

2. 핑계 없이 그냥 가는 아이

   방법 1 : 엄마한테 전화하겠다고 말한다.

   방법 2 : 엄마와 통화해서 아이가 숙제를 전혀 해 오지 않고 수업 후에 남지도 않으니, 30분만 일찍 보내달라고 해서 미리 숙제를 시킨다.

   방법 3 : 아이가 부모님의 말도 전혀 듣지 않는다면 퇴원을 고려한다. 이런 아이는 통계적으로 어차피 한두 달 안에 그만둔다.

   엄마한테 전화하는 것은 '너무 유치하지 않냐'고 말하는 선생님들이 많다. 하지만 엄마들은 오히려 관리를 철저히 한다고 좋아한다.

중학생 스티커 보상제도

쿠폰 도장	10개	20개	30개	50개	70개	100개	200개
상품	문화 상품권 5천 원	문화 상품권 1만 원	문화 상품권 5만 원	문화 상품권 10만 원	태블릿 PC	최신형 핸드폰 또는 장학금 50만 원	최신형 노트북 또는 장학금 100만 원

(위의 예시처럼 할 필요는 없다. 각자의 형편과 상황에 맞게 상품을 준비하면 된다.)

모든 방법을 다 써봐도 소용없다 해도 최소한 아이를 퇴원시키지는 마라. 모든 아이들이 모범생이 될 수는 없다. 내 수업을 들으러 오는 것만으로 감사하게 생각하자. 공부방을 운영하면 전기세도 내야 하고 월세도 내야 한다. 너무 상업적으로 들릴 수도 있겠지만 공부방 운영에 도움이 되는 아이들도 있어야 한다.

그만둔 학생을
다시 받아도 되는가?

한번 그만둔 아이는 또다시 그만둔다

어느 날 순하디순해 보이는 엄마와 함께 중학교 2학년 남학생이 들어왔다. 성적은 좋지 않지만 성실하다는 그 아이는 어딘지 모르게 약간 어리숙해 보였다. 성적은 하위권이었지만 열심히 공부하는 모습이 예뻐서 조금이라도 더 알려주려고 거의 두 달 동안 따로 불러서 가르쳤다. 그렇게 해서 10~20점을 받던 아이가 60~70점대 중위권으로 올라갔다.

그런데 첫 시험을 본 후에 아이가 자주 수업에 빠졌다. 일주일에 한 번은 결석을 하더니 급기야 일주일에 한 번도 올까 말까 했다. 나는 곧바로 어머니에게 전화를 했다.

212

"두석이가 벌써 일주일째 나오지 않아서 전화를 드렸어요."

"우리 두석이가 요즘 나쁜 형들이랑 어울리는 것 같아요. 선생님이 잘 타일러주실 수 없나요?"

두석이는 거의 2주일 만에 수업에 들어왔다. 학교에서 잘나가는 중학교 3학년 형들과 어울려 다니면서 술과 담배를 한다고 했다. 그런데 형들이 너무 잘해 줘서 안 만날 수가 없다는 것이었다. 엄마가 걱정하고 있으니 수업에만 들어오라고 타일러서 돌려보냈다. 하지만 두석이는 수업에 오지 않았다. 한 달이 지났을 때 아이와 엄마가 함께 학원으로 찾아왔다.

"이제는 그 형들하고 어울리지 않겠다고 엄마 아빠하고 약속했으니까, 수업에 빠지는 일은 없을 거예요."

마음이 편하지는 않았지만 다시 흔쾌히 받아줬다. 하지만 두석이는 수업을 두 번 오고 나서 더 이상 볼 수 없었다. 어머니에게 전화를 해서 회비를 환불해드리겠다고 했더니, 다음 날 바로 찾아왔다.

"선생님, 어제 두석이가 아빠한테 엄청 혼이 났어요. 이제는 정말 학원에 잘 다닐 거예요. 그동안 밀렸던 공부도 해야 하니까, 회비는 2배로 드릴 테니, 월·수·금, 화·목·토 2타임을 등록해주세요."

나는 어머니에게 몇 달 쉬었다가 두석이랑 얘기해보고 다시 오라고 했지만 두석이 어머니는 금방이라도 울 것 같은 눈으로 호소했다. 어머니의 바람과 달리 두석이는 아예 첫날 수업부터 오지 않았다. 그래서 바로 어머니에게 전화했더니, 두석이가 공부를 너무

너무 하기 싫어한다면서 죄송하다고 했다.

"보내주신 두 달치 회비는 환불해드릴게요. 문자로 계좌번호를 알려주세요."

그런데 며칠이 지나도 계좌번호를 알려주지 않았다. 일주일쯤 지나서 한창 수업을 하고 있는데, 누군가 교실 문을 발로 차면서 들어오더니 소리를 질렀다.

"내 돈 내놔!"

바로 두석이 어머니였다.

"계좌번호도 안 알려주고, 내 돈 떼어먹을 셈이야!"

두석이 어머니는 오히려 나에게 계좌번호를 알려주지 않았다며 고래고래 소리를 질렀다. 나는 곧바로 현금지급기에서 돈을 찾아 환불해줬다.

득보다 실이 많은 선택은 하지 마라

성적이 올라서 대형 입시학원으로 옮겼다가 성적이 떨어져서 다시 돌아온 아이가 있었다. 하지만 그 아이는 다른 아이들을 괴롭히다가 몇 달 뒤에 그만두었다. 물론 괴롭힘을 당했던 아이들도 그만두었다. 공부하기 싫어서 그만뒀다가 열심히 해보겠다며 다시 들어왔는데 알고 보니 학교 일진이어서 그 반이 해체된 적도 있었다. 과학고를 준비하고 있는 영어 성적 70점대의 아이를 두 번이나 100점을 받게 해주자 대형 입시학원으로 옮겼다가 성적이 떨어져서 다시 찾아온 경우도 있었다. 하지만 그 아이는 몇 달 다니다 다시 입시학원으로 가버렸다.

모범생이든 아니든 물을 흐리고 몇 달 만에 그만두는 아이들이 많다. 그래서 몇 번 안 좋은 일을 겪고 그만둔 아이는 절대 다시 받아주지 않았다.

한번 그만둔 아이는 결국 다시 나가게 마련이다. 그런데 반드시 분위기를 흐려놓고 나간다. 그 아이 때문에 다른 아이들까지 그만두는 것이다. 미꾸라지 한 마리가 들어와서 흙탕물로 만들어놓는다. 이런 경우 득보다 실이 더 많다.

수업을 방해하는 아이는
어떻게 해야 하는가?

과감하게 결단을 내려라

2004년 강사 생활을 하던 시절, 사춘기가 빨리 와서 수업하기 힘든 초등학교 6학년 반에 들어갔을 때였다. 수다를 떠는 여자아이를 쳐다봤는데 갑자기 "왜 나를 꼬라봐요?"라며 눈을 흘기는 것이었다.

그 순간 피가 거꾸로 솟는 것 같았지만 간신히 참고 화장실로 달려가 심호흡을 몇 번 하고 돌아왔다. 수업 시간에 노래를 부르는 아이, 갑자기 소리를 지르는 아이, 선생님 앞에서도 서슴없이 욕하는 아이들도 있었다. 그 아이들은 결국 오래가지 못했고, 다른 아이들도 그만두면서 반이 거의 해체되다시피 했다.

한번은 키도 크고 똘똘하게 생긴 아이가 들어왔는데, 합반을 하게 된 평범한 아이 몇 명이 그 아이를 보고 얼굴이 굳어졌다. 그리고 아이 한 명에게 영어 지문을 읽으라고 했는데, 그날따라 시뻘게진 얼굴로 어눌하게 읽어나갔다.

알고 보니 새로 들어온 아이는 중학교 일진이었다. 평범한 아이에게는 그 수업 시간이 얼마나 힘들었을지 짐작하고도 남는다. 그 반의 아이들이 다 그만두고 나서야 일진 아이도 그만두었다.

첫눈에 어떤 아이인지 파악하기는 무척 어렵다. 나중에 다른 아이들에게 피해를 주는 아이라고 판단되면 학부모가 기분 나쁘지 않게 다른 곳으로 옮기게 하는 것이 좋다.

"중학교 1학년 반 아이들이 5명인데, 수업 시간마다 비트박스를 하는 남자아이가 있어요. 이 아이를 내보내야 할까요? 도대체 말을 안 듣네요."

"저는 공부를 못하는 아이들은 절대 내보내지 않습니다. 머리가 나쁜 아이들도 절대 내보내지 않습니다. 하지만 수업을 방해하거나 선생님에게 버릇없이 구는 아이는 제 수업을 받을 자격이 없다고 생각합니다. 학부모한테 아이의 문제점을 말해보고, 그래도 개선되지 않으면 과감하게 내보냅니다. 그 학생 때문에 다른 아이들이 그만둘 수 있기 때문입니다."

"그렇기는 한데 지금은 한 명이라도 아쉬운 상황이라서요."

몇 주일 후 그 원장에게 전화가 왔다.

"이번 주에 비트박스를 하는 학생이 그만뒀어요. 그런데 다른 아이 4명도 그만둬서 중학교 1학년은 1명밖에 남지 않았어요."

가만히 있어도 아이들이 들어오는 3월 새 학기 때였다. 중학교 1학년 남학생이 엄마와 같이 상담하러 왔다. 레벨 테스트 후 상담 분위기도 좋았고, 커리큘럼과 가격도 만족해했다. 어머니는 내일부터 보내겠다고 하면서 이렇게 물었다.

"여기에도 백신중학교에 다니는 아이가 있나요?"

"네, 마침 같은 중학교 1학년 남학생이 있는데, 그 아이랑 같이 공부할 거예요."

"혹시 그 아이 이름을 알 수 있을까요?"

"이진철이라고, 너랑 같이 공부할 거야."

"진철이오?"라며 놀라는 아이의 얼굴빛이 달라졌다. 어머니는 아이와 함께 나가자마자 1분도 안 되어 다시 들어와서 이렇게 말했다.

"우리 아이 말로는 그 진철이가 학교에서 담배 피우고 노는 아이들 중 탑 그룹이라고 하던데요."

"그래요? 전혀 몰랐어요. 그럼 민수는 월·수·금 말고 화·목·토에 배정할게요."

"아니에요! 다시 생각해봐야겠어요!"

어머니는 문을 쾅 닫고 나가버렸다.

진철이는 초등학교 6학년 때부터 내가 가르친 아이였다. 친구들을 좋아하고 에너지가 넘치는 평범한 남자아이였다. 그런데 중학교에 들어가자마자 한 달도 안 되어 나쁜 친구들과 어울리더니 담배를 피우다가 징계를 받았다. 담배를 피운다는 것을 어느 반 왕따 아이가 선생님에게 고자질했다. 그래서 일진 아이들이 고자질한 왕따 아이를 집단 구타한 사건이 있었다.

나는 진철이가 그저 호기심에 담배를 피웠을 거라고 생각했다. 아빠보다 나를 더 좋아한다고 말하는 진철이는 조카 같은 아이여서 내보낼 수가 없었다.

하지만 결국 공부에 흥미를 잃은 진철이는 중학교 첫 시험을 보고 나서 그만두었다. 진철이가 내 공부방에 다닌다는 소문이 나자 중학교 1학년 화·목·토 반의 아이들도 갑자기 그만뒀다.

학생 한 명이라도 소중하고 아쉬운 때여서 아무리 물을 흐리는 아이라도 단칼에 자를 수 없었다. 하지만 교육자 마인드로는 교육 사업에서 성공할 수 없다. 교육자이기 전에 사업가이다. 사업가 마인드로 냉정하게 관리해야 성공한다. 평범한 아이들은 왕따와 일진 모두와 같은 곳에서 수업하고 싶어 하지 않는다. 일진에게는 돈을 뺏기거나 숙제를 대신 해줘야 하고, 왕따랑 어울리면 자신도 왕따가 되기 때문이다.

소탐대실(小貪大失)이라고, 작은 것을 지키려다가 오히려 큰 것을 잃는다. 아이들이 별로 없다고 해서 버릇없거나 수업을 방해하는 아이들을 그대로 둘 수는 없다. 물론 그런 아이들을 먼저 사랑으로 대하고 바뀔 수 있도록 노력해야 한다. 하지만 최선을 다해도 바뀌지 않는다면 내보내는 결단도 필요하다.

성공하는 원장들의 필살기 따라잡기

1. 초등학교 6학년, 중학교 3학년 방학 때 절대 그만두지 못하게 하는 비법

학부모들이 가장 싫어하는 것 중의 하나가 회비를 올리는 것이다. 초등에서 중등으로, 중등에서 고등으로 올라가면 당연히 교육 과정이 어렵고 시험 대비 보충도 더 해줘야 하기 때문에 회비를 올릴 수밖에 없다. 하지만 학부모들은 그렇게 생각하지 않는다.

초등학교에서 중학교로 올라갈 때 평균 5~10만 원 정도 올리는데, 학부모들에게는 큰 부담이다. 중학교에서 고등학교로 올라갈 때는 더 많이 올린다. 그래서 새 학년이 되기 몇 달 전인 12월에 학생들의 이탈이 많다. 12월이 되면 초등학교 6학년과 중학교 3학년 아이들의 학부모에게는 이렇게 말한다.

"우리 지영이가 중학교(또는 고등학교)에 가야 하는 중요한 시기여서, 중등 과정(또는 고등 과정) 전 과정을 특강으로 선행학습을 해야 돼요. 그래서 특강비를 받아야 하는데 지영이가 착하고 숙제도 열심히 해 오니 무료로 해드릴게요. 옮길 계획이 있더라도 무료 특

220

강을 다 듣고 나서 개학하면 그때 생각해보시는 것이 좋을 듯합니다. 경기도 어렵고, 어머님도 잘 대해주셔서(회비를 꼬박꼬박 밀리지 않고 내주셔서) 중학교(또는 고등학교) 졸업할 때까지 지금 가격으로 받을게요."

그러면 대개 학부모들은 웃으면서 이렇게 말한다.

"제가 해드린 것도 없는데, 정말 감사합니다. 그리고 무슨 섭섭한 말씀을 하세요. 우리 지영이 여기 계속 다닐 거예요. 당연히 졸업할 때까지 선생님께서 가르쳐주셔야죠."

"회비를 밀리지 않고 내주신 것만으로도 큰 도움을 주신 거예요."

그러면 90퍼센트 이상의 엄마들이 바로 회비를 입금한다. 선생님 마음이 언제 바뀔지 모른다고 생각하기 때문이다. 마지막 결정타로 비전을 줘야 한다. 초등학교 6학년이면 방학 두 달 동안 중학교 3년 전 과정을 한 다음, 중학교 1학년 때 심화 과정을 들어가고, 중학교 2학년 때 고등부 전 과정에 들어가고, 중학교 3학년 때 수능을 마무리하겠다는 비전을 제시한다.

중학교 3학년 아이를 둔 학부모에게는 이런 비전을 제시한다.

"방학 두 달 동안 고등부 3년 전 과정을 하고, 고등학교 1학년 때 심화 과정에 들어가면서 고등학교 2학년 때는 아이 혼자 공부해도 1등급이 나오게 만들어드리겠습니다."

물론 이렇게 하려면 아이가 최소 80점 이상이어야 한다. 실력이 중간이면 1년을 추가하고, 하위권 아이들은 2년을 추가해야 한다. 알파벳밖에 모르는 하위권의 초등학교 6학년이라면 방학 동안 중등 3년 전 과정을 가볍게 한 다음 중학교 1학년 때 본격적으로 들어가고, 중학교 2학년 때는 심화 과정, 중학교 3학년 때는 고등학교 1~2학년 과정, 고등학교 1학년 때 수능을 마무리하겠다고 비전을 준다.

그렇게 많은 진도를 나갈 수 있을지, 아이가 잘 따라올 수 있을지 의구심이 들 수도 있지만, 학원가에서는 일반적인 커리큘럼이다. 그리고 아직 3년도 지나지 않은 일을 미리 걱정할 필요는 없다. 아이들이 수업과 숙제를 열심히 해야 한다는 전제하에 가능한 일이다.

사실 학부모 관리 노하우는 특별한 것이 없다. 여느 인간관계와 같다. 아이가 그만둘 때까지 분기별로 계속 전화 상담으로 비전을 알려줘야 한다. 왜냐하면 엄마들은 금방 잊어버리기 때문이다. 통화할 때는 엄마들의 목소리에 웃음이 가득하다. 하지만 아이 성적이 조금 떨어질 수도 있고, 커리큘럼이나 숙제 분량이 마음에 안 들 수도 있다. 아이가 그만둘 수 있는 상황이 주기적으로 튀어나온다.

학부모의 마음이 상하면 비전은 온데간데없고 불평과 불만의 싹이 자란다. 그래서 학부모에게 분기마다 비전을 알려주어야 한다. 아이가 고등학교를 졸업할 때까지 그만두지 않게 하는 비법 중의 하나다.

2. 방학특강 무조건 듣게 하는 비법

"지수는 머리가 좋아서 이번 겨울방학 특강을 들으면 실력이 쑥쑥 올라갈 것 같은데 어떠신지요? 물론 특강비가 조금 있어요."

"제가 언제 우리 지수 방학특강 해달라고 했나요? 너무 상업적이네요. 이번 달까지만 하고 그만할게요."

초보 원장들이 흔히 저지르는 실수 가운데 하나가 학부모에게 물어보지도 않고 일방통행하는 것이다. 앞에서 말했듯이 학부모 관리도 인간관계를 맺는 것이다. 주변에 사람들이 많이 따르는 사람은 항상 타인의 입장에서 먼저 생각한다. 갑자기 생각지도 못한 특강을 하겠다며 돈을 내라고 하면 좋아할 학부모는 한 명도 없다.

물론 특강을 하면 실력이 부쩍 오를 수 있다. 하지만 학부모 입장은 다르다. 굳이 방학특강을 하고 싶다면 학부모에게 물어보고 사전 조사를 한 다음 원하는 아이들만 해준다. 그리고 특강비는 한 끼 식사 정도의 저렴한 가격으로 책정하는 것이 좋다. 추가로 더 내는 부담감을 최대한 줄여줘야 한다. 몇만 원이라도 부담스러운 학부모들의 마음을 충분히 이해한다. 그래서 나는 방학특강도 무료로 해준다.

"그동안 우리 철수가 열심히 잘 따라와서 방학특강은 무료로 해드리겠습니다. 경기도 많이 어렵고요. 방학특강을 하면 아이의 실력이 눈에 띄게 오를 거예요. 대신 수업량이 늘어나면 아이가 조금 힘들어할 수도 있으니 따뜻한 응원과 격려의 말씀 부탁드릴게요."

사람들은 공짜를 좋아한다. 하지만 질 나쁜 공짜는 싫어한다. 특강 수업의 질도 좋아야 한다. 다른 곳에서도 하는 문법 한 권과 2,000단어 암기 같은 식상한 커리큘럼보다는 중학교 전 과정과 고등부 전 과정 문법, 영작, 독해, 단어, 듣기까지 다뤄줘야 한다. 그 아이의 레벨에 맞춰서 말이다.

엄청난 양의 선행학습을 무료로 해주면 학부모들은 더욱 신뢰하고 아이가 졸업할 때까지 계속 보낸다.

사랑을 받으려면 먼저 사랑을 주어야 한다. 학부모와 아이들에게 먼저 무언가를 주어야, 그들도 오랫동안 나와 함께 공부한다.

꿀팁을 하나 더 주자면 전 영역에서 특강을 해주는 것이 아니라, 문법과 영작 수업만 하고 독해, 단어, 듣기는 숙제로 내주면 된다. 여기서도 중요한 것은 아이들의 레벨에 맞는 교재를 준비하는 것이다. 서점에 가서 독해, 단어, 듣기 책을 중학교, 고등학교 모두 수십 권씩 사서 아이에게 맞는 것을 선택하면 된다.

일명 '짜깁기'라고 하지만 잘 가르치기로 소문난 곳은 대부분 원장이 직접 쓴 책이 있다. 최소한 레벨별로 짜깁기한 자기만의 책으로 가르친다. 동네에서 '최고의 원장'으로 소문나려면 그 정도는 기본이다.

3. 성적이 떨어져도 그만두지 않게 하는 비법

기본적으로 성적이 떨어지면 안 된다. 학부모가 공부방을 옮기는 결정적인 이유이다. 일단 아이들 성적이 떨어지면 학부모에게 어떤 핀잔을 들을까 봐 전화조차 하지 않게 된다. 성적이 떨어지면 일단 학부모들은 잔뜩 화가 나 있다. 그러나 화난 사람과는 대화로 풀어야 한다.

전화할 때는 선생이라는 자존심을 조금 내려놓고, 성적이 제대로 나오지 않아서 죄송하다고 거듭 사과한다. 전화조차 하지 않으면 가뜩이나 성적이 떨어져서 화가 나 있는 학부모는 곧바로 그만둔다. 그리고 문제가 어렵게 나왔는지 쉽게 나왔는지, 단어는 왜 틀렸는지, 서술형은 왜 틀렸지, 본문 문제는 왜 틀렸는지 일일이 설명해준다.

학부모는 성적이 떨어진 것이 아이 탓이라고 생각하지 않는다. 모든 것이 아이를 가르친 선생 잘못이라고 생각한다. '아이가 실수를 해서 틀린 건데 내가 굳이 전화해서 죄송하다고 말해야 하나'라고 생각하는 선생님들이 많다. 아이가 졸업할 때까지 다니려면 이런 과정을 잘 넘어가야 한다.

항상 학부모와 학생 입장에서 생각하는 것이 중요하다. 시험이 끝나고 아이의 성적을 확인하기 전까지는 회비를 내는 날이라도 회비 문자를 보내면 안 된다. 그리고 시험지를 확보해야 한다. 아이들에게 시험지를 갖고 오라고 하면 된다. 성적이 오른 아이들은 몇 점인지 본인이 먼저 얘기한다. 보통 시험지를 갖고 오지 않는 아이들은 시험을 망친 것이다. 시험을 망친 아이들은 시험지를 버리거나 찢어버린다.

그런 아이들에게는 이렇게 말한다.

"학교에 가서 친구 시험지를 가져오거나 사진을 찍어서 선생님한테 보내주면 문화상품권이나 숙제 면제권 줄게."

시험지를 받아서 분석한 다음 학부모에게 전화한다.

"우리 철수가 몰라서 틀린 건 아니에요. 다 배운 건데 단어를 많이 틀렸네요. 죄송합니다. 단어는 10번 외우기를 시켰는데 다음부터는 30번 외우게 해야겠어요. 그리고 너무 쉬운 본문 빈칸 채우기를 틀렸네요. 철수가 연습할 때는 눈 감고도 맞혔는데, 왜 틀렸는지 모르겠어요. 다음에는 제가 두세 배 더 시켜서 실수하지 않도록 할게요. 그리고 서술형에서는 3인칭인데 's'를 안 붙였어요. 아이들이 이런 실수를 많이 해요. 연습을 많이 시켰는데, 긴장을 해서 그런가 봐요. 죄송해요. 다음부터는 실수하지 않도록 30번 반복하게 하겠습니다.

본문 문제는 정말 단순한 건데 안타깝게 틀렸네요. 20번밖에 안 풀었는데, 다음에는 50번쯤 풀게 해야겠어요. 방학 동안 보충도 많이 해서 실수하지 않고 지금보다 더 좋은 점수를 받을 수 있도록 제가 더 열심히 가르치겠습니다. 죄송합니다."

그러면 학부모는 언짢은 기분을 조금 누그러뜨리고 이렇게 말한다.

"네, 선생님, 다음 시험에는 성적이 잘 나오도록 부탁드립니다."

내 공부방에 계속 다니게 하려면 우선 학부모의 화부터 풀어줘야 한다. 더구나 학부모에게는 당연한 권리이기도 하다.

4. 학생들한테 친구를 소개받는 노하우

소개를 해주게 만드는 노하우는 뭐니 뭐니 해도 보상이다. 초등학생은 소개해준 아이와 소개받고 들어온 아이에게 1만 원씩, 중학생은 각각 2만 원씩 준다. 가끔 3만 원씩 주는 곳도 있다. 고등학생은 소개해준 아이만 5만 원을 준다. 초등학생은 현금 대신 문화상품권을 주는 것이 좋다. 중학생은 아이들이 원하면 현금으로 주기도 한다. 어차피 문화상품권을 받아도 문방구에 가서 현금으로 바꾼다.

1년 내내 홍보할 수 없기 때문에 이런 방법이 비수기 때 큰 도움이 된다. 나는 여고생 한 명한테 친구 5명을 소개받은 적이 있는데 그 아이에게 25만 원을 줬다.

물론 내가 잘 가르치고 성적이 올라야 소개를 해준다. 성적이 하위권인 아이들은 소개를 해줄 이유가 없다. 아이들은 항상 용돈이 넉넉하지 않다. 소개받은 아이가 그만둘 때까지 매달 5,000원짜리 문화상품권을 주면 더 좋다. 아이들 용돈이 보통 한 달에 중학생은 2만~3만 원, 고등학생은 4만~5만 원이다. 하지만 그 정도는 친구와 영화 한 편 보고 햄버거를 먹으면 없다.

주의할 점은 초등학생이나 중학교 여학생들은 엄마한테 꼭 말하기 때문에 무조건 문화상품권을 줘야 한다. 이 방법이 마음에 들지 않는다면 아이가 원하는 학용품이나 좋아하는 음식을 사준다. 친구들과 함께 고기 뷔페나 패밀리 레스토랑에 데려가 달라고 하는 아이들도 있다.

사업에는 항상 비수기가 따르는 법이다. 비수기를 잘 넘기는 방법 중에 하나가 보상을 통해 소개받는 것이다. 평범한 아이들은 친구를 소개해주지 않는다. 친구들도 어딘가에 다니고 있기 때문이다. 그리고 공부방을 결정하는 것은 학부모들이기 때문에 아이들에게 소개를 받기가 쉽지는 않다.

또 하나의 방법은 학부모 대신에 아이의 생일 파티를 해주는 것이다. 이것은 초등학생들만 해당된다. 중·고등학생들은 "그냥 돈으로 주세요"라고 말한다. 파티를 해주는 데는 사실 큰돈이 들지 않는다. 친한 친구들 4~5명만 초대하고, 치킨과 피자, 음료수, 케이크 정도면 충분하다. 생일 파티를 해주는 공부방은 전국에서 전무후무할 것이다. 아이들이 의외로 좋아한다.

5. 밀린 회비 한 번에 받아내는 비법

밀린 회비를 한 번에 받는 방법은 3가지가 있다.

첫 번째 방법은 수업 시간에 학생한테 이야기하는 것이다.

"철수야, 이번 달 회비가 아직 안 들어왔으니까 엄마한테 부탁한다고 전해드려." 아이가 조금 창피해할 수 있지만 그렇게 하면 대부분 회비가 들어온다. 하지만 몇 달이 밀린 경우에는 이 방법이 통하지 않는다.

회비는 조금 늦게 내도 된다고 생각하는 학부모들이 의외로 많다. 조금 냉정할 수 있지만 나는 한 달 밀리면 아이에게 이렇게 말한다. "엄마랑 얘기했으니 내일부터 안 나와도 된다."

회비를 받는 것은 내 수업에 대한 정당한 대가이다. 공부하러 온 아이를 매몰차게 내보내기는 쉽지 않다. 하지만 회비가 한 달 밀리기 시작하면 계속 밀리게 마련이다. 수개월치 회비를 내지 않고 핸드폰 번호를 바꾼 학부모도 있다.

두 번째 방법은 밤 11시에 학부모의 집을 찾아가는 것이다.

여자 선생님은 무조건 남편이나 남동생 등 남자와 함께 가야 한다. 여자 선생님 혼자서 가면 큰 싸움이 날 수도 있다. 야심한 밤에 남자가 집 앞까지 찾아오면 학부모도 움찔한다. 밤 11시쯤에 아버지도 집에 있을 때 방문해야 효과적이다. 더구나 동네에 소문이 안 좋게 나는 것을 우려한다면 늦은 밤에 찾아가는 것이 좋다.

세 번째 방법은 내용증명을 보내는 것이다. 회비를 안 내려고 작정한 사람들에게는 법적으로 접근하는 것이 좋다. 내용증명을 보내면 80~90퍼센트는 회비를 낸다. 내용증명도 통하지 않을 때는 법원에 민사소송을 걸면 모두 받아낼 수 있다.

공부방은 재능 기부가 아니라 교육 사업이다. 돈을 벌기 위해서 사업을 하는 것이다. 공부방을 시작한 이유를 다시 한 번 상기

해본다.

돈을 받지 않아도 된다면 차라리 야학이나 무료 학교를 차리는 편이 낫다. 내가 열심히 가르친 수업에 대한 정당한 대가는 당당히 요구해야 한다.

6. 회비 밀리지 않고 받아내는 비법의 문자

회비를 밀리지 않고 받는 비법은 학부모에게 자동이체를 권유하는 것이다. 자동이체를 권유해보면 학부모가 얼마나 오랫동안 아이를 보낼지 가늠할 수 있다. 오래 다닐 아이들은 대부분 자동이체를 한다. 하지만 여기저기 옮겨 다니는 학부모들은 절대 자동이체를 하지 않는다.

자동이체를 하지 않은 학부모들은 따로 관리해야 한다. 며칠 또는 일주일 정도 늦게 보내는 학부모들은 회비 내는 다음 날 안내 문자 전송 예약을 해두면 관리하기 편하다. 회비 내는 날짜를 달력에 적어놓는 학부모는 많지 않다. 그리고 달력에 적어놓지 않으면 잊어버리기 쉽다.

다른 것부터 먼저 쓰고 회비는 나중에 주는 학부모들이 많다. 생활비는 당연히 따로 빼놓는다. 2~3일 계속 늦으면 예약된 문자가 바로 가기 때문에 학부모들이 불쾌해하는데, 그 시점에서 이렇게 말한다.

"어머니, 회비를 자동이체하시면 편합니다."

독촉 문자를 받기 싫어서 자동이체를 하는 사람들도 있다.

"자동이체를 해두시면 신경 쓰지 않아도 되니 엄청 편하실 거예요. 인터넷도 자동이체는 필수잖아요. 부탁드릴게요."

기분 상하지 않게 권유하는 것도 요령이다. 일주일마다 회비 문자를 보내야 한다. '알아서 주겠지'라고 생각하다 한 달이 밀리면 두세 달 계속 밀릴 확률이 높다. 일주일마다 회비 문자를 보냈는데 한 달 동안 회비가 들어오지 않으면 이미 언급한 것처럼 학생과의 이별을 준비해야 한다.

"내가 빚쟁이야?" 하고 화를 내며 그만두는 학부모도 있다. '여태까지 계속 잘 내다가 한 달 밀렸는데 너무 야박한 거 아닌가'라는 생각으로는 제대로 성공할 수 없다. 회비가 조금씩 밀리는 학부모들에게 확실히 받아내는 비법은 회비 날짜를 못 박아두는 것이다.

"어머니, 회비가 늦는 건 상관없는데 가능한 날짜를 미리 알려주시면 좋겠어요."

이번 달 말경이나 다음 달 초쯤에 준다고 하면 이렇게 말한다.

"이번 달 말경 며칠에 가능할까요?"

이렇게 문자로 물어봤는데 답이 없다면 회비를 낼 생각이 없는 것이다.

정확한 날짜도 알려주지 않은 채 한 달 동안 회비가 들어오지 않으면 아이를 내보낼 생각을 해야 한다. 학부모가 정한 날짜에도 회비가 안 들어오면 또 정중하게 문자를 보낸다.

"어머니, 어제 회비를 주신다고 하셨는데 바쁘셨나 봐요? 언제 가능한지요?"

정말 돈이 없는 학부모들도 있다. 아파트 대출금과 아버지의 폐업이나 이직으로 갑자기 집안 사정이 안 좋아진 경우이다. "많이 어려우신 것 같으니 특별히 우리 지수, 지훈이만 졸업할 때까지 회비를 절반만 받을게요. 아이들이 공부에만 전념하게 해주세요." 이렇게 해서 중학교 졸업할 때까지 다닌 남매도 있다.

7. 1년 중 무조건 상담 전화를 해야 할 시기

3월, 7월, 12월 중에서도 가장 많이 그만두는 시기가 12월 기말고사가 끝난 뒤다. 시험 대비를 하느라 정신이 없다 해도 그 전달인 11월에는 반드시 상담 전화를 해야 한다. 대부분의 학원들이 대대적으로 홍보하는 시기로, 학원 설명회를 갔다 오면 학부모들의 마음이 바뀌기 때문이다.

사교육 시장에서 12월은 마치 설날과 마찬가지다. 12월에 아이들을 많이 모으지 못하면 1년 농사를 망치는 것이다. 중·고등학생은 여름방학과 겨울방학에 많이 이동하고, 초등학생들은 3월에 이동을 많이 한다. 초등학생들이 많은 공부방은 3월에 그만두는 경우가 많으니 2월에 상담 전화를 한다. 중·고등학생이 많다면 7월과 12월에 그만두는 아이들이 많으니 6월과 11월에 상담 전화를 해야 한다.

전화를 해서 무슨 말을 해야 할지 고민하는 사람들도 많다. 특강을 한다고 하면 되는데, 여기서 특강의 내용이 중요하다. 일반적인 커리큘럼을 진행하는 학원과 공부방이 넘쳐나는 시장에서 학생 모집은커녕 붙잡아두기도 힘들다. 다른 곳에선 절대 하지 않는 커리큘럼이 필요하다.

그리고 특강은 무료로 진행하거나 아주 조금만 받는 것이 좋다. 제값을 받고 싶다면 학부모들에게 특강을 들을 건지 의향을 먼저 물어보고 원하는 아이들만 특강을 진행한다.

아이가 빡빡한 스케줄 속에서 공부하는 것을 좋아하는 학부모도 있고, 천천히 하나하나 다져나가면서 배우기를 원하는 학부모도 있다. 상담 끝에는 과정은 힘들지 모르지만, 잘 달리면 앞에서 당겨주고, 힘들면 뒤에서 밀어주면서 아이의 눈높이와 속도에 맞춰 수업하겠다고 말한다.

8. 1년 중 무조건 홍보해야 할 절대 시기

1년 중 무조건 홍보해야 할 시기는 상담 전화를 돌려야 할 시기와 같다. 이때는 상담 전화를 하면서 동시에 홍보도 해야 한다. 이 시기 외에는 홍보 효과가 거의 없다.

초등학생은 3월, 중·고등학생은 7월 여름방학과 12월 겨울방학에 이동이 가장 많으니 그 전달인 2월과 6월, 11월에는 무조건 홍보를 해야 한다. 한 번 홍보할 때는 반경 5킬로미터 이내를 공략한다. 초등학생들은 주로 아파트 단지 내에서 움직이고, 거리가 먼 공부방까지 찾아오지는 않는다. 반경 5킬로미터는 중·고등학생들에게 해당된다.

학생 모집 광고도 아무 때나 하는 것이 아니다. 1년에 딱 두 번만 대대적으로 하면 된다. 광고를 많이 해도 안 좋은 이미지만 심어주게 된다. '이 공부방에는 아이들이 별로 없나 보네. 선생님 실력이 신통치 않으니 학생들도 없는 거겠지'라고 생각한다.

상담 전화가 전혀 오지 않는, 절대 하지 말아야 할 광고

1. 아파트 엘리베이터 거울 광고

2. 아파트 1층 복도 거울 광고

3. 엘리베이터 모니터 광고

4. 신문·잡지 광고

5. 현수막 광고

6. 초등학교 앞에서 부채, 물티슈, 손난로 나눠 주기

7. 중학교, 고등학교 앞에서 공책 나눠 주기

8. 포털사이트 광고

상담 전화가 오는 홍보 꿀팁

학생이 아닌 학부모에게 홍보하는 것이 핵심이다.

1. 아파트 알뜰시장 4~5시에 채소 코너 광고

2. 학부모 모임 때 초등학교 앞에서 홍보하기

3. 고등부 입시 컨설팅 설명회(나의 커리큘럼을 알리는 학부모 설명회

가 아닌 수능 최저 맞추는 방법, 자기소개서 쓰는 노하우, 학생부종합평가
관리 비법 등)

9. 돈 한 푼 안 드는 최강 홍보 비법

소개를 받고 찾아온 학부모들은 90퍼센트 이상 등록한다. 그런
데 등록까지 연결하지 못하는 원장들도 많다. 이런 경우 진지하게
고민해봐야 한다. 원장을 보고 등록하는 것이 아니라, 일단은 소
개해준 엄마를 믿고 등록하는 것이다. '열심히 잘 가르쳐서 성적이
오르면 학생이나 학부모들이 소개를 많이 해주겠지'라고 생각하지
만, 현실은 전혀 그렇지 않다.

아이들 성적이 올랐다고 해서 소개를 해주지는 않는다. 성적
향상은 기본이고 학부모와 학생 관리를 잘해야 한다.

시험 때마다 보충해주고, 아이가 빠진 날도 알아서 보충해주
고, 방학 때마다 몇 년치 선행을 해주고, 숙제는 제대로 하는지 꼼
꼼히 검사하고, 숙제를 안 해 오면 보충 날짜를 따로 잡고, 매달
무엇을 공부했고, 무엇을 테스트했고, 내 아이의 실력이 얼만큼
향상됐는지 꼼꼼히 알려줘야 감동한 학부모들이 주위에 소개하
는 것이다.

이제 막 공부방을 오픈한 선생님들은 아이들이 몇 명 되지 않으
니 소개받을 수도 없다. 일단 한두 달 내에 전단지든 인터넷 홍보
를 하든 최소 10명을 모아야 한다. 그렇게 모은 아이들을 잘 가르

치고 꼼꼼하게 관리하면 조금씩 입소문이 나기 시작한다.

중·고등학교 상위권 아이들의 엄마들은 100점을 받거나 전교 1
등을 해도 소개해주지 않는다. 다른 아이를 소개해주면 내 아이에
게 소홀하거나 관리가 조금 더 느슨해질까 걱정하기 때문이다. 초
등학생은 비교적 소개를 잘해 준다. 하지만 초등학생은 시험이 없
기 때문에 모으기가 쉽지 않다.

소개의 핵심은 '관리'에 있다. 초등은 재미있게, 중·고등은 쉽게
이해하고 잘 따라오게 하는 것이다. 소개를 이끌어내려면 학부모
와 학생이 90퍼센트 이상 만족해야 한다. 성적은 항상 상위권을 유
지하면 좋겠지만, 난이도가 있기 때문에 한 번은 오르고 한 번은
떨어지게 마련이다.

여기서 중요한 것은 성적이 너무 올라도, 너무 떨어져도 안 된
다는 것이다. 평균적으로 80~90점대, 평균적으로 70~80점대를 왔
다 갔다 해야 한다.

성적이 조금 떨어졌다고 조바심을 내거나 걱정할 필요 없다.
학부모들은 성적이 조금 떨어진 것보다 선생님이 내 아이의 관리
를 소홀하게 하는 것을 더 싫어한다.

아이들의 숙제 검사, 출결 상황, 테스트 결과 등을 관리하는 것
은 기본이다. 그리고 수업이 느린 아이는 다른 아이보다 조금 천
천히 나가고, 수업이 쉬운 아이는 상위권으로 옮기거나 더 높은 레
벨의 교재로 빨리 바꿔줘야 한다. 아이가 느리면 뒤에서 밀어주고,
아이가 빠르면 손을 잡고 함께 달리며 학습 속도에 맞춰주는 것을

좋아한다.

학부모와 학생 밀당의 법칙 25가지

1. 학생과 학부모의 생일에 방문해서 케이크를 전달한다.

2. 매달 학부모에게 상담 전화를 한다.

3. 매달 아이의 학습 결과물을 보낸다.

4. 기념일에 아이와 학부모에게 작은 선물을 한다. (어린이날, 어버이날, 크리스마스, 할로윈데이)

5. 회비 문자를 보내기 전에 아이 칭찬부터 하고 '늘 감사하다'고 적는다.

6. 1년에 두 번은 치킨 또는 피자를 들고 방문하거나, 추석과 설날 명절에 깜짝 방문을 한다.

7. 아이가 좋아하는 캐릭터 학용품 등을 한 달에 한 번씩 준다.

8. 아이를 볼 때마다 '오늘 학교에서 어땠어?'라고 부모처럼 물어본다.

9. 아이를 볼 때마다 칭찬한다.

10. 상담 전화를 할 때는 아이 칭찬으로 시작한다.

11. 1년 뒤, 2년 뒤, 3년 뒤 아이의 실력이 얼마나 향상될지 분기마다 아이와 학부모에게 비전을 알려준다.

12. 아이의 프라이버시를 지켜준다.

13. 시험 기간에는 매일 또는 주말에 보충을 해준다.

14. 회비는 절대 인상하지 않는다.

15. 새로운 콘텐츠를 가맹해도 회비를 인상하지 않는다.

16. 연휴나 휴가 때 수업에 빠지면 보충을 해주거나 회비를 미뤄준다.

17. 친구를 소개해준 학부모와 학생에게 보상을 한다.

18. 1년에 한 번은 감사의 의미로 학부모들에게 식사를 대접한다.

19. 매달 마지막 금요일은 피자 파티를 한다.

20. 아이의 실력이 느리면 따로 보충해주고, 빠르면 상위권 반으로 올려준다.

21. 학부모와 약속한 학생 수는 반드시 지킨다.

22. 형편이 어려운 학부모에게는 책값을 받지 않는다.

23. 형제가 같이 등록하면 10퍼센트 할인을 해준다.

24. 학생들이 늘어났다고 해서 학원으로 확장하지 않는다.

25. 위의 모든 것을 선생이 먼저 챙긴다.

10. 홍보하라! 파격적으로 그리고 꾸준히

잘되는 곳일수록 더 자주 홍보한다. 학부모 간담회든 설명회든 카페에서 브런치를 가지든 영어 오픈 수업을 하든 다양한 방법이 동원된다. 안 되는 곳은 전단지만 돌리고, 잘되는 곳은 기존 아이들과 학부모에게도 홍보한다.

오프라인 홍보는 1년에 많아야 세 번, 보통 두 번 정도 하는 것이 적당하다. 전단지 배포나 학교 앞 홍보, 포털사이트 광고는 거의 효과가 없다. 최고의 홍보 방법은 아파트 게시판과 인터넷 커뮤니티에 광고하는 것이다.

인터넷으로 며칠 만에 수십 명을 모으는 기술은 유료 오프라인 강의 '학생 모집 노하우 전수 강의'에서만 공개하고 있으니, 여기서는 아파트 게시판 광고만 언급하겠다.

기존 게시판 광고로 효과를 보지 못하는 이유는 4가지다.

첫 번째, 너무 자주 하기 때문이다. 매달 하면 오히려 학부모들은 선생의 실력이 떨어지니 아이들이 없는 공부방이라고 인식한다.

두 번째, 시기가 맞지 않기 때문이다. 2월, 6월, 11월에 홍보해야 전화가 온다. 홍보 시기를 꼭 지켜야 한다.

세 번째, 내 아파트 단지와 근처 두세 군데만 홍보하기 때문이다. 전단지를 붙이든 현수막을 걸든 반경 5킬로미터까지 홍보해야한다. 초등학생들은 살고 있는 아파트 단지 내에서만 움직이지만 중·고등학생은 다르다. 가격이 저렴하고 SKY를 보내준다는 확신이 들면 자전거나 버스를 타고서라도 온다.

네 번째는 전단지가 고객을 끌어들이지 못하기 때문이다. 전단지를 보자마자 전화하고 싶게끔 만들어야 한다. 나는 10년 이상 연구한 끝에 일주일 만에 수십 통의 전화가 오는 전단지를 만들 수 있었다. 가장 많이 온 것은 동탄에서 2주 동안 80통을 받은 것이었다. 청주에서는 4주 동안 72통 정도 문의가 왔다. 제대로 만들면 그야말로 전화기에 불이 날 정도로 많이 온다.

마케팅 전문가의 조언과 실제 경험으로 알게 된 것은 전단지는 세 번은 붙여야 효과가 나타난다는 것이다. 사람들이 통상적으로 세 번은 봐야 전화를 한다. 일명 '직투'는 사람을 고용해서 아파트 현관문에 전단지를 배포하는 것이다. 처음에는 집주인들이 불쾌해하며 휴지통에 버린다. 두 번째도 마찬가지다. 하지만 세 번째는 뭔가 하고 보게 된다. 세 번째 붙였을 때 전화가 가장 많이 온다는 통계 자료가 있다.

아파트 게시판 광고는 아파트 관리사무소에 일정 금액을 내고 일주일 동안 붙이는 것이다. 경비원이 붙여주는 곳도 있지만, 대부분 내가 직접 붙여야 한다. 홍보 성수기 때는 2주일 동안 하는 것이 좋다.

SNS 홍보 방법 중에 가장 좋은 것은 맘카페를 이용하는 것이지만 비용이 들고, 잘못하면 강퇴(강제 퇴장)를 당할 수 있다. 요즘 대세인 유튜브로 홍보하면 연락이 어느 정도 온다.

초등학생 전문이면 영어 발표 스피킹이나 2명씩 짝지어서 상황별 대화 영상을 찍어 올린다. 초등 고학년은 잘 쓴 영작이나 에세이를 찍어서 올려도 좋다.

중학생은 1년에 네 번 치르는 지필고사 시험지를 내가 사는 동네 학교별로 분석해주는 것도 좋다. 예를 들어 이번 기말고사에 이렇게 나왔다, 작년에는 서술형이 30퍼센트였는데 올해는 서술형이 40~50퍼센트였다, OO중학교, OO고등학교는 교과서에서 몇 문제, 외부 지문에서 몇 문제, 서술형이 몇 문제 나왔고, 작년에는 안 나오던 논술형 문제가 나왔다, 이런 식으로 분석해서 올리면 전문가로 인식하게 된다.

학년별로 어떤 식으로 대비해야 하는지 조목조목 언급하면 학부모들이 솔깃한다. 동영상 하나로는 등록까지 이어지기 쉽지 않다. 최소 20~30개 올려야 효과를 볼 수 있다. 시간은 조금 걸리지만 유튜브는 누구도 흉내 낼 수 없는 최고의 마케팅 수단이다.

유튜브 홍보 꿀팁으로, 초등부는 아이들이 리딩 책을 읽거나 영어 발표를 하는 모습을 찍어서 올리면 동네에서 제일 유명한 공부방으로 소문나는 것은 순식간이다. 파티를 하는 영상을 찍어서 올려도 좋다.

아이들의 수업 후기 동영상이나 시험 후기 동영상 등을 올리는 것도 방법이다. 출연한 아이들에게는 1만~2만 원짜리 문화상품권이나 기프트콘 등으로 약간의 보상을 해준다. 아이들까지 대동하기가 뭣하다면 그냥 내가 찍어서 올리는 걸로 만족해야 한다.

어떤 사업이든 홍보만큼 귀찮은 것이 없다. 하지만 편하게 할 수 있는 것은 그만큼 돈이 들어오지 않는다. 귀찮고 손이 많이 갈수록 나중에 벌어들이는 이익이 더 많다는 것을 명심하자.

공부방 원장님들의 생생한 후기

올해 봄에 강의 듣고 5명에서 현재 42명, 8배 넘게 늘었어요!

안녕하세요. 저는 출산에서 공부방을 운영하고 있는 원장입니다. 먼저 저는 10년 전에 어학강사 일을 하면서 과외도 함께 했었는데요. 그러면서 저를 따르는 아이들이 몇몇 생겨나서 교습소를 먼저 차리게 되었고 그 후 확장하여 학원도 운영하게 되었습니다. 잠시 동안은 돈도 많이 벌었지만 저의 잘못된 운영방식으로 5년 만에 문을 닫게 되었죠. 그런 후 출산을 겪고 잠시 쉬다가 가계 사정이 좋지가 않아 거주하는 곳에서 공부방을 차리게 되었습니다.

그저 책걸상 몇 개와 칠판 그리고 나름대로의 커리큘럼으로 어찌 되겠지 하는 생각과 1년에 전화 한두 통 올까 말까 하는 전단지 홍보…. 내가 잘하면 소개해 주시겠지 하는 생각에 터무니 없이 비싼 수업료 등 결국 3년 동안 쭉 5명만 데리고 수업을 하게 되었네요.

더 이상의 소개도, 상담전화도 없었습니다. 시간 날 때마다 전단지를 뿌렸지만 전화는 1년에 달랑 1~2통, 그것도 등록으로 전혀 이어지지 않더라고요. 뭐가 문제일까 계속 생각해 보고 연구해 봤지만 그 문제의 답을 찾지 못했습니다. 아이는 커가는데 가계 사정은 점점 더 좋아지지 않았고 정말 절실한 다음에 공부방 운영에 대해 좀 배워봐야겠단 생각이 문득 들었습니다.

그렇게 해서 유튜브로 처음 알게 된 성공비. 황 대표님께서 올리신 영상들과 카페에 적어올리신 수많은 글들을 읽어가면서 도전해 보고 싶었습니다. 그렇게 대표님과의 인연이 닿아서 지금까지 오게 되었네요. 3년 넘도록 학생 수가 5명으로 계속 유지되었는데 대표님 만나고 2주 만에 20명 넘게 증원했었죠. 그게 2020년 5월이었고요. 현재 3배 넘게 증가해서 42명 찍었습니다.

대표님께서 알려주신 멘트대로 상담을 하면 100% 등록으로 이어지는 게 정말 신기했습니다. 그리고 그동안의 제 운영 방식이 전부 잘못되었었던 것도 대표님 만나고 나서 확실히 알게 되었지요.

이제 대표님은 저의 은인이십니다. 대표님 덕분에 더 넓은 곳으로 공부방 확장도 했습니다. 저는 계속 대표님만 믿고 갈려고요. 내년에는 100명 목표로 갈 생각입니다. 바쁘신 와중에도 늘 홍보해야 할 시기 알려주시고 관리가 잘 되어가고 있는지 먼저 연락 주셔서 확인해 주시는 점 정말 감사하게 생각하고 있습니다. 올해도 잘 부탁드립니다.

사기꾼이 아닌 성공꾼 황 대표님, 29명에서 신규 17명 증원 현재 50명 임박!

원장님 만나기 1주일 전에는 매일 자기 전 다른 원장님들 후기 글 올린 거 읽고 또 읽으며 '가까일까? 진짜일까? 나도 저렇게 될 수 있을까?' 하면서 혼자 행복 회로 돌리기도 했고, '안 되면 어쩌지? 돈 낭비면 어쩌지?' 혼자 감정이 올라갔다 내려갔다…. 그랬던 제가 지금 글을 쓰고 있네요. (쪽지함에 와있던 원장님 홍보글 쳐다보지도 않고 바로 삭제했었음)

각설하고 원장님 뵙기 전에 29명이었고요. 지금 신규생 15명 들어왔습니다. 내일 또 어머니 한 분 상담 오시기로 했는데 형제라 2명 등록될 겁니다. 그럼 총 17명이죠! 그리고 내일 상담 잡힌 거는 100% 안 봐도 등록입니다. 왜냐하면 이번 주에 들어온 신규생 어머님 소개거든요. 다닌 지 이제 이틀 차인데 주변에 소개를 해준다? 뭐겠습니까 원장님들. 최고라는 이야기죠.

제가요? 아니요. 황 대표님께서 알려주신 그 노하우죠. 저 공부방 1년 차고요. 늘 20명에서 왔다 갔다 25명에서 왔다 갔다 언제 50명 채우나 했는데 코앞입니다. 사실 저도 지금 실감 안 납니다. 그래도 출석부 보며 실감하고 있습니다. 카페에 김해라고 검색하시면 제 글이 나올 텐데요. 저는요, 의심 종자도 그런 의심 종자가 없습니다. 그래도 의리는 있는 경상도 여잡니다.

제가 크는 만큼 제가 베풀어 주시는 우리 황 원장님도 같이 잘됐으면 하는 마음과 제가 누리는 이 기쁜 마음 구경만 하지 마시고, 저처럼 의심만 하다가 1년 허비하지 마세요. 제가 처음부터 황 대표님과 같이 해나갔다면 지금은 이 시국에 100명 찍었을 겁니다. 저처럼 돌아가지 마시고 황 대표님 도움받아보세요. 이분은 진짜입니다.

첫 오픈 후 41명 감사합니다!

작년 6월에 강의 듣고 11월에 입주하여 12월 1일에 첫 수업을 시작했습니다. 12월 1월 정신없이 상담을 하다가 어느새 3월 말이네요. 3~4개월 쭉 달려오면서 든 생각은 정말 공부방 차리길 잘했다는 생각이 들어요. 그것도 황 원장님 도움받아서요. 지난 몇 년간 과외와 학원 하면서 학생들 없어서 힘들 때도 많았고 학생 갑질 학부모 갑질에 속수무책으로 당했거든요. 계속 그런 거에 힘들어하면서 있다가 원장님이 강의에서 가르쳐 주신 계획들과 콘셉트들이 제가 갑이 될 수 있게 해주셨어요.

또 공부방 차려서 수업하면서 계속 드는 생각은, '왜 아이들이 나에게 수업을 받아야 할까?'라는 질문에 대해 생각을 해봤어요. 그만큼 확실한 경쟁력이 있어야 살아남는 시대니까요. 애들은 줄어드는 판에 사교육 시장은 점점 커지고 그냥 일반인부터 대기업까지 너 나할 것 없이 뛰어들고 있는 게 현실이니까요. 사실 영어는 대단한 티칭 스킬을 가지기 힘든 과목이라 생각하고 제가 SKY 대학 나온 것도 아니고 그렇다고 그렇게 아이들 입시 결과가 화려하진 않아서요.

그런데 원장님은 왜 아이들이 저에게 수업을 받아야 하는지 이유를 만들어 주신 것 같습니다. 그만큼 경쟁력을 갖추게 된 것 같아요. 아이들 수업 반 편성부터 진상 고객 처리 상담 스킬까지, 강의 들은 지 거의 1년이 다 되어가지만 항상 먼저 연락 오셔서 체크해 주시고 도와주시려고 하십니다. 덕분에 더 멀리까지 볼 수 있을 것 같아요. 정말 옛날의 저처럼 고생하시는 전국의 과외 선생님들 학원 강사님들 정말 빚내서라도 강의 수강하라고 하고 싶어요. 원장님 말 잘 새겨서 50명, 60명까지 달려보겠습니다. 감사합니다.

대표님, 5명에서 73명 돼서 1년 만에 월 1,000만 원 훌쩍 넘겼어요! 감사드립니다

작년 4월 말에 대표님 처음 만나봤었는데 그때 제가 데리고 있던 학생들이 총 5명이었습니다. 직투도 여러 번 해봤고 소개도 들어오고 했었는데 상담하면 등록까지 잘 안되었습니다. 원래 등록 한 번 시키는 게 어려운 건 줄 알았어요. 하지만 대표님을 알게 되고 상담스킬 훈련을 받은 후에는 상담만 하면 100% 등록 완료가 됩니다. 상담이 이렇게 쉬운 건 줄 전에는 몰랐네요. 짜주신 멘트대로만 연습하고 제 걸로 만들면 됩니다.

그뿐만 아니라 대표님께서 '올해까지 몇 명 만들고 가자!' 목표를 만들어주시고 매번 연락 주셔서 관리까지 해주시니까 정말 대표님 말씀대로 그 인원수가 만들어지더라고요. 처음엔 솔직히 허풍이 좀 심하신 줄 알았거든요. 저는 대표님께서 짜주신 계획대로 편하게

따라가고 있습니다.

지금도 어떤 목표를 계획해 주서서 그 목표를 달성할 수 있도록 준비하고 있네요. 이제는 믿음이 2000% 이상이 가니 대표님 하자는 대로 다 따라가고 있습니다. 결과가 바로 나오니까요. 아무튼 처음 공부방 오픈할 때 월 500만 원만 돼도 참 좋겠다 했는데 월 1,000만 원을 찍었네요. 와우! 올해 월 2,000만 원 찍는 걸 목표로 달려가 볼 생각입니다.

20명 → 70명 그리고 2년이 지난 지금 100명을 바라보다

저는 현재 컨설팅을 받은 지 2년여 정도가 지나가고 있습니다. 처음 컨설팅 후 70여 명 찍고 나서 그리고 꾸준히 3~5명씩 들어오며 전체적으로 80명대를 유지했습니다. 그러다 코로나19 오기 전 기말 마치고 90명까지 찍고 코로나19로 하향세 살짝 타며 다시 80명 대 유지했네요. 저는 솔직히 코로나19 여파 별로 안 탔습니다. 아니 오히려 재충전할 기회가 되었고 신규 아이들이 웨이팅 하기도 했죠.

단순히 대표님에게 학생 모집 컨설팅이 아니라 전반적으로 쭉 꾸준히 케어 받고 상담하며 코로나19도 잘 넘길 수 있었습니다. 이 점이 진짜 대표님에게 감사한 부분입니다. 저는 코로나19로 휴원하고 그만둔 친구들은 딱 2명입니다. 그리고 감사하게 들어온 친구들은 거의 20명이 되지요.

지난주에도 총 11명 상담했고 지금 상담 대기가 4명입니다. 상담받은 친구들이 거의 다 등록을 해서 저는 현재 97명입니다. 급여는 꾸준하게 찍히고 있으며 이제 거의 2,000만 원을 바라보고 있습니다. 전에 저는 15년식 소나타 타고 있었습니다. 현재 저는 벤츠 타고 다닙니다. 저는 예전에 친구들과 만날 때 항상 더치페이 하거나 얻어먹었습니다. 현재 저는 제가 다 쏩니다. 솔직히 돈이 다는 아닙니다. 그건 정말 맞는 말입니다. 근데 그래도 어느 정도 벌이가 안정이 되고 돈이 모이니 제 딸아이에게 해줄 수 있는 게, 제 와이프에게 해줄 수 있는 게 많아지고 좋아지니 너무 행복합니다. 저는 다시 돌아가더라도 컨설팅 받을 거고 확장을 바라보고 있는 지금 시점에도 전 다시 대표님에게 컨설팅 받을 거예요.

제가 좋아하는 프로그램이 있는 데 바로 〈백종원의 골목식당〉입니다. 거기 보면 백 대표가 하는 컨설팅, 솔루션이 무조건 항상 다 맞을 수는 없지요. 왜냐면 신이 아니니까요. 근데 보시면 아시듯이 거의 다 성공을 합니다. 왜냐면 그 사람은 정점을 그래도 찍고 온 사람이니까요. 그 사람들이 알 수 없는 어떤 루트를 확실히 아는 거죠. 대중들이 좋아하는….

제가 그래서 여러분들께 이 컨설팅을 추천드립니다. 대표님이 신은 아닙니다. 그래도 저 같은 단순한 원장보다는 정점을 찍고 왔고 아는 게 더 많으니 분명 효과 보실 거예요. 최소한 본전에 두 배 이상을 얻으실 수 있을 거예요. 그리고 지금 같이 불확실한 상황에서 항상 자기만 믿고 나아가기보단 조언자가 있는 게 정말 든든하니깐요!

'성공비'의 노하우를 널리 퍼뜨리다

2001년에 강사부터 시작해서 과외 선생과 원장을 하며 16년 동안 쉬지 않고 달려왔다. 수없는 좌절과 보람과 깨달음 속에서 10년을 이어왔고, 마지막 공부방을 하면서 월 매출 1,000만 원 이상을 올리기도 했다. 하지만 2009년 교과과정의 전면 개편으로 인한 서술형 문제의 등장과 우후죽순 생겨난 수많은 공부방들로 인해 사교육 시장에서 버티기가 점점 더 어려워졌다.

자만심이 넘쳐 회비를 올렸다가 아이들이 대거 이탈한 일, 문제 아이가 들어오면서 6개월 만에 아이들이 절반으로 줄어든 일도 있었다. 그래서 나는 그 공부방을 마지막으로 다른 일을 해보기로 결심했다. 10년 동안 1년에 이틀밖에 쉬지 않고 새벽 2~3시까지 책을 수십 권 쓰면서 미친 듯이 일만 했다. 하지만 10년 뒤 남은 건 1억 원에 가까운 대출금이었다. 그때부터 다시 방문 과외로 학생을 가르치면서 낮에는 다단계 건강식품을 팔러 다녔다. 솔직히 다른 일을 찾고 싶었지만 내가 할 일은 역시 아이들을 가르치는 것이라는 생각이 더욱 강하게 들었다.

하지만 나이가 들어갈수록 아이들을 가르치는 일이 버겁게 느껴졌다. 그렇다고 40대의 나이에 다른 일을 찾기에는 너무 늦었다는 생각이 들었다. 학부모와 학생들의 눈빛과 호응도 내가 20~30대였을 때와 달랐다. 그렇다면 나는 언제까지 아이들을 가르칠 수 있을까 하는 의구심이 들었다. 60대 선생이나 원장을 찾아보기 힘들다. 그들은 어디서 무엇을 하고 있을까?

모든 것을 혼자 생각하고 결정할 때의 막막함은 겪어보지 않은 사람들은 모른다. 그래서 방문 과외를 하며 전국의 공부방 원장님들을 위한 네트워크를 만들어 노하우를 공유하고 싶었다. 어둡고 긴 터널 속에서 한 줄기 빛이 되고, 든든한 응원군이 되고 싶었다.

네이버 카페 '성공비'를 만들어 전국의 원장님들과 노하우를 공유한 지 5년이 지났다. 카페를 오픈하고 2년 동안은 매일 새벽 2~3시까지 상담을 해주었다. 지금은 다른 일 때문에 시간을 많이 할애할 수는 없지만 하루에 1~2명 정도는 전화 상담을 해준다.

나의 컨설팅과 조언으로 효과를 보고 성공했다는 소식이 들릴 때마다 뿌듯한 마음이 솟구친다.

교육열이 높은 동네이니 주변보다 조금만 회비를 낮추면 학생들이 그만두지 않고 소개도 많이 들어올 거라는 조언대로 했더니 10명 이상 소개를 받았다고 하는 수지의 원장님.

생방송 강의 몇 개만 듣고 2년 뒤 30명의 교습소에서 120명이 수강하는 학원으로 성장했다고 감사의 후기를 올려주신 김해의 원장님.

'학부모 감동 문자' 강의를 듣고 단어만 몇 개 바꿨을 뿐인데, 밀렸던 회비가 들어오고, 그다음부터는 회비가 한 번도 밀리지 않았다고 하는 인천의 원장님.

결혼반지는 이미 팔아버린 데다 1억 원 가까이 빚을 져서 파산 직전에 몰렸는데, 내 강의를 듣고 5명부터 다시 시작해 지금은 40명을 가르치고 있다는 강원도 원주의 원장님.

주먹구구식으로 가르치는 학원을 이용하던 엄마들이 200퍼센트 좋아하는 초·중·고등학교 콘셉트를 알려줘서 고맙다는 원장님.

이외에도 공부방에서 학원으로 확장하려다 내 조언을 듣고 생각을 바꿨다는 원장님, 아이들은 10명 조금 넘는데 시간표가 안 맞아서 하루 종일 일하는 원장님, 지금 그 자리에서 계속해야 하는지 다른 지역으로 옮겨야 하는지 고민이라는 원장님 등은 나의 컨설팅을 듣고 나서 몇천만 원의 손실과 시간을 아낄 수 있었다고 했다.

전국의 원장님들이 직간접적으로 도움을 얻고 희망을 찾아가는 것을 보는 것만으로도 기쁘다. 1억 원 가까이 빚을 졌을 때 옆에서 손을 내밀어주는 사람이 한 명이라도 있다면 절대 포기하지 않을 것이다. 앞으로도 전국의 원장님들을 위해 더 많은 연구를 하고 조언을 해줄 것이다. 절망의 끝에 서 있다면 주저하지 말고 언제든지 이메일이나 문자로 도움을 청하기를 바란다. 최소한 지금보다 10배는 좋아질 것이다.

북큐레이션 • 성공적인 사업을 운영하고 싶은 사람들을 위한 라온북의 책

성공 노하우가 담긴 사업 마인드, 마케팅, 세일즈 기법을 통해 남들과는 다른, 고객에게 매력적인
비즈니스를 시작합니다.

돈에 대한
새로운 관점
안내

평생 돈운이 좋아지는 4주의 기적

황수현 지음 | 14,500원

"돈을 끌어당기는 사람은 무엇이 다를까?"
마이너스 감정에서 벗어나면 돈운이 트인다!

똑같이 일해도 어떤 사람은 돈이 더 잘 들어오는 것 같고, 나만 늘 금전적인
문제로 허덕이는 것처럼 느껴질 때가 있다. 당신의 돈이 트이지 않는 가장
큰 이유는 돈이 필요하면서도 마음 깊은 곳에서는 '돈은 좋지 않은 것'이라고
여기기 때문이다. 이 책의 저자는 자신 안에 있는 돈에 대한 필요와 욕망을
인정하고 돈에 대한 긍정적인 생각을 쌓아간다면 누구나 부자가 될 수 있다고
설명한다. 저자가 알려주는 돈운이 좋아지는 액션을 소리 내어 말하거나 쓰
고, 실천하면 돈운이 트여 있는 자신을 발견할 수 있을 것이다.

빅 아이디어
추출 전략서

광고인의 생각 훔치기

김종섭 지음 | 15,000원

국제 광고에서 수차례 상을 휩쓴 광고인이 알려주는
메시지 전달력을 최대로 높이는 광고 전략!

세상에 아이디어가 필요하지 않은 사람은 없다. 우리는 모두 브랜드의 주인이
기 때문이다. 사업자등록증이 없어도 '나'라는 브랜드를 끊임없이 세상에 팔
아야 한다. 사업자등록증이 있다면 폐업하는 순간까지 회사 브랜드를 팔아야
한다. 이미지가 전부인 시대다. 대세를 따라 페이스북도 해보고 인스타그램
에도 뛰어들지만 생각만큼 쉽지 않다. 그저 그런 아이디어는 상대에게도 있
다. 기존의 아이디어 수준을 뛰어넘는 '빅 아이디어'가 필요하다. 이 책이 당
신에게 슈퍼 빅 아이디어를 가져다줄 것이다.

사장 교과서

주상용 지음 | 14,500원

사장, 배운 적 있나요?
사장이 반드시 알아야 할 기본 개념 40가지

사장 자가 진단표 수록

이 책에서는 기업 CEO들의 생각 친구, 경영 멘토인 저자가 기업을 성장시키는 사장들의 비밀을 알려준다. 창업 후 자신의 한계에 부딪혀 심각한 성장통을 겪고 있는 사장, 사람 관리에 실패해서 바닥을 경험하고 새로운 재도약을 준비하고 있는 사장, 위기 앞에서 이젠 정말 그만해야겠다고 포기하기 직전에 있는 사장, 어떻게든 사장을 잘 도와 회사를 성장시키려는 팀장 또는 임원, 회사의 핵심인재가 되려고 사장의 마음을 알고 싶은 예비 해결사 직원, 향후 일 잘하는 사장이 되려고 준비 중인 예비 사장들에게 큰 도움이 될 것이다.

트렌드를 읽는 마케터의 필독서

SNS 마케팅 시리즈

임현수, 고아라, 신승철 지음 | 각 권 16,000원

인스타그램, 스마트 스토어, 구글, 유튜브까지
지금 가장 뜨거운 SNS 채널 마케팅의 모든 것!

온라인 마케팅은 날로 발전하는 기술의 변화와 시시각각 변화하는 소비자들의 입맛을 잡기 위해 더욱 치열하게 전개될 것이다. 이 경쟁 속에서 살아남기 위해서는 일방적인 메시지를 전달하는 것이 아니라, 디지털 시대에 걸맞은 채널로 재가공해 발신해야 한다. 이 시리즈는 모든 온라인 마케터와 사장들의 질문에 답한다. 전문가가 다년간 축적한 온라인 마케팅 핵심 개념을 초보자의 눈높이에 맞게 설명하고 있으며, 특히 홍보에만 주력할 수 없는 대다수 기업의 현실을 적극 반영하여 최대한 간편하고 쉽게 따라 할 수 있는 방법을 함께 소개한다.